천년고도

경주, 세계를 품다

천년고도

경주, 세계를 품다

월명 지음

들어가는 말

신라(新羅)는 삼국시대의 삼국 가운데 하나로 기원전 57년 박혁거세가 지금의 영남지방을 중심으로 세운 나라다. 수도를 경주, 즉 '서라벌(徐羅伐)'로 삼았다. 서라벌은 경주의 옛 지명이기도 하다.

 신라의 진흥왕은 가야를 병합했다. 태종무열왕은 백제를, 그의 아들 문무왕은 고구려를 점령해서 삼국을 통일했다. 935년, 아쉽게도 통일신라는 고려 태조 왕건에게 무릎을 꿇었다.

 '천년 왕조' 신라는 992년 동안 56명의 왕을 배출했다. 조선왕조 500년 동안 배출된 왕은 27명, 그 두 배를 넘는다.

 신라의 서울 경주, 신라 천년의 왕도(王都)다. 992년 동안 신라의 왕궁이 있었던 도시인 '경주의 혼(魂)'은 곧 '신라의 혼(魂)'이다.

 경주의 '자연·역사·문화·사람의 혼'을 소승의 짧은 식견으로 정리했다. 해서 '경주의 혼'을 제대로 추렸다고 할 수는 없을 것이다.

 나(월명)는 2022년 봄, '제주도의 혼'을 살폈다. 그해 가을엔 '대구의 혼', 작년엔 '충남의 혼'

을 나름의 눈으로 둘러보았다. 이번에는 '경주의 혼'을 편저했다.

　나(월명)은 '혼' 시리즈는 조상 대대로 면면이 지키고 계승해 온 정신을 더듬어 보는 작업이다. 그 뿌리는 어디 있으며, 오늘날까지 어떻게 흘러왔는지 정리했다. 앞으로 어떻게 잇고 발전시켜 나가면 좋을지 그 길잡이로 이 졸저가 쓰이길 소망한다.

　나(월명)은 '신라의 서울-경주의 혼'에 경주인의 자부심을 담으려 노력했다. 자세히 들여다보면 흠도 많고, 한계도 역력하겠지만 부디 나(월명)은 경주인과 경북인의 자부심을 되살리고 경주와 경북의 비전이나 미래를 설계하는데 바탕이 되길 축원한다.

을사년 가을
우국이세문화원 이사장
서울 남산 월명사 주지 월명 합장

차례

신라의 혼

01 천년신라 선덕여왕과 불교문화 - 황룡사와 첨성대에서　26

02 불국사와 석굴암, 신라 사찰의 정수　34

03 불국토 이상향 드러낸 석굴암　46

04 불법을 수호하는 신성한 존재가 묻힌 곳, 대왕암　52

05 산재한 고분군과 경주국립박물관에서 접하는　60
　역사와 부처님의 가르침

06 불교의 다른 이름, 경주 남산　68

07 천상과 불국토를 연결한 에밀레종의 종소리,　78
　성덕대왕신종을 찾다

08 화랑을 삼국통일에 혁혁한 공을 세운　84
　7세기 신라의 MZ세대

09 경주의 두 한옥마을 양동과 교촌　92

경주의 혼

자연의 혼

01 신라의 천년고도 경주를 잉태한 형산강　106

02 '불국정토 꿈꾸던 신라인의 영산&진산' 토함산　108

03 '화랑들의 수련장' 단석산　110

04 신라 시조 박혁거세 탄강 전설 깃든 우물 나정　114

05 신라 김 씨 왕가의 시조 김알지 탄생지 '계림'　118

06 '아사달과 아사녀의 사랑 이야기' 깃든 영지　120

역사의 혼

01 '신라 석 씨 왕조의 시조' 석탈해　126

02 국호를 '신라'로 정한 지증왕　128

03 신라의 충신·명장 배출한 화랑도(花郎徒)　130

04 삼국통일의 주역 김유신　134

05 삼국통일 완성한 문무대왕　138

06 '옛 서라벌의 남쪽 관문' 관문성　140

07 조선시대 경주에 있었던 '경상감영'　142

차례

문화의 혼

01 경주에서만 나온 유리잔   146

02 세계에서 가장 아름다운 에밀레 종소리   150

03 '세기적인 신라 정원 건축술의 백미' 월지   154

04 동양 최고(最古)의 천문대 '첨성대'   158

05 '동아시아 불교 조각의 최고 걸작' 석굴암   162

06 '신라 최초 여왕 선덕여왕의 대찰' 분황사   166

07 '세계 최고(最高) 목탑'의 황룡사 9층목탑   170

08 향가 '모죽지랑가'의 무대 경주 부산성   174

사람의 혼

01 경주 이씨 시조 '표암공 이알평'   178

02 고운 최치원이 뿌리내린 경주최씨   180

신
라
의

혼

01 천년신라 선덕여왕과 불교문화
    - 황룡사와 첨성대에서

APEC 개최지 경주를 알려면 무엇보다도 천년 신라의 역사와 불교문화에 대한 이해가 먼저 이뤄져야 한다. 이런 이해가 바탕이 되면 조상에 대한 감사와 APEC의 성공적인 개최의 의미를 다질 수 있게 될 것이다.

나(월명 스님)는 경주를 찾을 때마다 천년 왕국 신라의 도읍지 경주의 상징은 무엇일까 고민해본다. 문화유산도 생각해 보고, 역사적 위인도 상징의 대상으로 떠올려 본다. 신라 천년의 역사는 융성한 불교문화에 의미를 둘 수도 있고, 삼국통일에 의미를 둘 수도 있다. 문화라는 것은 결국 사람이 만드는 것이라고 여러분이 동의한다면, 나는 먼저 선덕여왕(善德女王)의 존재에서 경주의 상징이 찬란하게 빛을 발했다고 강조하고 싶다. 우리가 경주를 찾을 때 보게 되는 숱한 유물의 다수는 선덕여왕과 여왕의 선대인 진평왕 시기에 만들어졌다고 해도 과언이 아니다.

선덕여왕은 고조선 이래 우리 한반도 역사에서 처음 등장한 여성 군주였다. 여왕이었다는 이야기다. 7세기 초반(632~647년)에 재위한 신라 제27대 왕이었다. 선덕여왕은 선대 진평왕(眞平王, 재위 579~632년)의 딸로 태어났다. 왕위 계승은 남성 우선 원칙이었지만, 진평왕에게는 왕자가 없었다. 왕실과 귀족들이 진평왕의 뒤를 이을 제왕으로 맏딸을 추대했는데, 그 맏딸이 바로 선덕여왕이었다. 재위 기간은 15년에 불과했다.

선덕여왕은 국력을 안정시키고, 불교 발전을 꾀한 임금이었다. 선덕여왕은 선대 진평왕의 뜻을 이어 불교를 통치의 핵심으로 삼았다. 불교를 통해 국민적 단합을 이끌어냈다. 선덕여왕 재임 시절에 이름을 떨쳤던 이들로는 원효대사와 의상대사를 꼽을 수 있다.

대외관계와 외교 측면을 살펴보면 중국대륙의 당나라와 친선 관계를 유지하며 국가적 기반을 다졌다. 서쪽으로는 백제를 공격하며 신라의 역량을 키웠다. 선덕여왕이 이룬 역사적 과업의 현장은 대장군 김유신이 있어 가능했다고 할 수 있다. 선덕여왕은 한마디로 역대 남성 제왕이 부럽지 않을 통치력을 선보였던 임금이었다. 그러고 보면 5000년 한반도 역사에서도 앞 순위에 이름이 새겨질 김유신, 원효대사, 의상대사 등이 여왕의 재임 시절을 함께 한 셈이다.

선덕여왕 시절 이룩한 신라의 문화적 성취의 배경엔 고구려, 백제, 당나라의 영향이 있었지만, 신라 내부의 치열한 철학도 큰 역할을 했다고 할 수 있습니다. 그런 점에서 여러분이 많이 알고 있는 이야기일 수도 있지만, 선덕여왕과 연결해 몇몇 불교 관련 이야기들을 해보는 게 어떨까 싶습니다. 원효대사 이야기를 빼놓을 수 없다. 신라에서 불교는 선덕여왕이 재임하기 105년 전인 527년에 공인됐지만, 불교 대중화가 이뤄진 것은 원효대사의 활동 덕분에 가능했다.

원효대사의 '해골바가지의 물' 이야기는 대부분 알고 있을 것이다. 원효대사는 당나라 불교 유학길에 올랐다가 밤중에 동굴에서 잠이 들었고, 밤중에 벌컥벌컥 마시며 갈증을 해소한 물의 그릇이 해골바가지였던 것을 보고 큰 깨달음을 얻었다. 이 깨달음을 바탕으로 당나라 유학을 포기하고, 신라가 처한 현실 속에서 불교의 가르침을 전파하려고 노력했다. 선덕여왕이 재임하던 시절 원효대사는 아직 젊은 나이의 승려였다. 당시 당나라가 아닌 신라의 상황을 반영해 제작된 불상이 여럿 있었는데, 나는 경주 남산에 있는 '불곡 마애 여래 좌상'(감실 부처님)을 으뜸으로 친다. 편하게 감실 부처님이라고 부른데, 감실은 바위를 파서 부처님을 모셔놓은 작은 공간이다.

작은 불교유산만 남긴 게 아니다. 감실 부처님은 소규모로 옆에 있는 친절한 형상이었지만, 호국 불교로 거대 문화유산이었던 황룡사 9층 목탑도 선덕여왕 시절 건립됐다. 황룡사 9층 목탑은 선덕여왕 시절은 물론 나아가 신라 천년의 역사에서 가장 위풍당당하면서 호국의 의지를 드러냈던 불교유산으로 꼽힌다.

황룡사는 신라 왕궁의 동쪽에 자리했는데, 애초 황룡사가 들어선 자리엔 궁궐이 건립될 뻔했다는 이야기가 '삼국유사' 등에 기록돼 있다. 전해지는 이야기에 따르면 선덕여왕의 조부이자, 진평여왕의 선대 임금인 진흥황이 궁궐을 지으려고 했다고 한다. 그런데 궁궐을 지으려는 그곳에 황룡(누런 빛깔

[남산불곡여래좌상]

의 용)이 나타났고, 이를 본 진흥왕이 궁궐보다 의미 있는 건축물을 고민해 절을 지었다는 것이다.

이 황룡사에 9층 목탑이 들어선 것은 황룡사가 완공된 지 한참 지난 선덕여왕 시절이었다. 이 목탑은 백제와 고구려의 침입을 막고, 불교의 가르침을 바탕으로 신라를 지키겠다는 뜻으로 건립됐다고 할 수 있다. 여기엔 배경이 있다. 선덕여왕 12년, 643년 당나라 유학을 마치고 신라로 돌아온 자장법사가 선덕여왕에게 호국불교의 가치를 설명했으며, 황룡사에 9층 목탑을 건립하라고 충언했다. 목탑의 층마다 말갈, 왜, 당나라, 거란, 탐라 등의 이름을 적어놓으면 9개 적성국과 싸워 이길 수 있다는 조언이었다.

조언을 받아들여 대공사가 시작됐으며, 공사 감독은 백제사람 아비지가 담당했다. 553년에 첫 삽을 뜬 황룡사는 결국 645년 9층 목탑이 건립되면서 거의 100년에 가까운 공사 끝에 모습을 드러내게 됐다. 여기에다가 황룡사에 걸린 종이 754년 제작돼 백성에 공개됐다고 하니, 담장에서 금당, 9층 목탑, 종을 건립하며 보낸 시간이 200년 가까웠다고 할 수 있다.

금칠을 한 9층 목탑의 높이는 80m가 넘어 경주 곳곳에서 잘 보였다고 한다. 요즘으로 치면, 남산의 서울타워와 서울 송파의 롯데타워, 여의도의 63빌딩에 견줄 수 있지 않을까. 아니다. 안타깝게도 지금은 주춧돌과 터만 남아있다. 고려시대인 1238년 몽골의 침입으로 황룡사가 불타 없어진 것이다.

호국 불교의 상징을 이야기했으니, 이제 선덕여왕, 나아가 신라시대의 과학기술 수준을 보여주는 건물을 떠올려 보자. 바로 첨성대이다. 황룡사가 신라의 호국불교의 힘을 상징했다면, 첨성대는 신라의 앞선 과학의 힘과 자부심을 드러낸 건축물이다.

본격적인 이야기를 하기에 앞서 첨성대의 몸체가 27단으로 이뤄졌다는 점에 간단한 의미를 찾아본다. 선덕여왕이 신라 27대 군주였으니, 무엇인가 연결되지 않는가. 우연의 일치인지, 건축가들의 의지가 반영됐는지는 모르지만, 27단으로 이뤄진 첨성대가 신라시대 과학기술 수준을 보여준다

[황룡사9층목탑 북면모형]

[황룡사 모형도]

고는 할 수 있다. 첨성대는 세계에서 가장 오래된 천문대로 평가받고 있다. 농사시기를 결정하고, 천문 관측 자료를 통치에 활용했다고 한다.

첨성대의 외부 모습을 살펴보면 밑 받침대는 정사각형이고, 몸체는 둥근 원 모형이라는 것을 알 수 있다. 맨 꼭대기는 우물 정(井)자로 이뤄졌다. 이는 옛 사람들의 우주과학적 상식이었던 '둥근 하늘, 네모난 땅'이라는 인식이 반영된 것으로 볼 수 있다. 몸체 가운데 정남향의 창을 통해서는 춘분과 추분, 하지와 동지의 시점을 정확히 파악했던 것으로 보인다. 가령 태양이 정남쪽을 지날 때 빛이 첨성대 밑바닥까지 다 비추면 낮과 밤의 길이가 같은 춘분과 추분이었다.

선덕여왕 시절, 신라는 황룡사와 첨성대 건립을 통해 위대한 불교문화와 선진 과학기술 위상을 드러냈던 것은 살펴봤다. 신라는 이와 함께 선덕여왕 시절, 고구려와 신라의 공격을 자주 받았지만, 이 같은 공격을 극복했다. 이러한 외부의 공격에 방어하는 것 못지않게, 내부적으로는 여성 군주의 통치를 반대하는 반란이 이어졌다. 김유신 장군이 이같은 반란 진압에 적극 나서며 선덕여왕의 성공적인 통치 행위를 가능하게 했다. 신라는 이 시절 당나라와 외교관계 개선에 적극 나섰다. 자장법사와 훗날 태종무열왕으로 등극하는 김춘추 등의 활동이 컸다. 선덕여왕은 김유신과 김춘추의 중용을 통해 장기적으로 신라의 삼국통일이 가능하도록 초석을 다졌다는 평가를 받고 있다.

무엇보다도 여성 최초의 군주로서 성공적인 통치 행위를 펼침에 따라 후대 여성군주인 진덕여왕(재위 647~654년)의 등극을 가능하게 했다. 선덕여왕은 647년 세상을 뜨면서 "도리천(兜率天, 미륵보살이 머무르는 하늘)에 묻히고 싶다"는 유언을 남겼다.

02 불국사와 석굴암, 신라 사찰의 정수

신라와 통일신라를 불교문화 국가라고 이야기한다면, 불국사와 석굴암을 빼놓고는 설명할 수 없다. 경주를 안 간 사람은 있어도, 경주를 가서 불국사와 석굴암을 보지 않는 사람은 거의 없을 것이다. 불국사 이야기를 먼저 할까 한다. 불국사는 사찰의 이름에서 부처 불(佛), 나라 국(國)을 사용하고 있어 '부처의 나라'가 구현된 사찰로 봄이 타당하다.

불국사는 통일신라 경덕왕(재위 742~765년) 때 김대성이 창건한 사찰이다. 당대는 물론 후대도 불국사를 불교와 연결해 신라의 국가 이념과 예술의 집약 건축물로 설명할 수 있다. 여기에다가 고귀한 대상이고 공간인 사찰의 개념을 넘어서 불교의 이상 세계가 신라 땅 경주에서 구현된 공간으로 볼 수 있다. 먼저 결론을 내고 이야기를 풀어가자면 불국사는 불교국가 신라의 왕권 강화와 불교적 이상 국가 건설의 복합적 이념이 구현된 지상의 공간이다. 이런 지상의 공간에 구현된 불교의 황금기를 표출해 낸 불국사에는 통일신라의 건축, 조각, 예술의 정수를 드러낸다. 이는 불국사가 1995년 국내 최초로 석굴암과 함께 유네스코 세계문화유산으로 등재된 이유이기도 할 것이다.

불국사를 탐방하고, 설명하기에 앞서 이곳이 우리나라 다른 사찰과 어떻게 비교될 수 있는지 이야기하고 넘어가자. 국내에 여러 절집은 넘치면서 각기 고유한 특색을 지니고 있다. 주변 경관과 조화와 아름다움 측면에서 본다면 불국사는 전남 순천 선암사, 영주 부석사와 비교해 보게 된다. 세 사찰은 모두 아름답다. 이 절집과 안마당 등을 방문한 이들이라면 불교도가 아니더라도 그 자체의 아름다움과 주변과의 조화에 감탄사를 연발하게 된다.

불국사와 더불어 선암사와 부석사는 탐방객들이 자주 찾는 절집이다. 국보와 보물 등 문화재를 다수 보유한 사찰로 우리 불교 건축과 예술을 대표한다. 자연과 어우러져 아름다운 경관을 자랑한다. 경관 측면의 차이점이라면 부석사는 백두대간의 줄기인 소백산맥에 자리한 봉황산 중턱에 절집을 두고 있다. 부석사 앞마당에서 보는 소백산맥의 줄기는 웅장한 기운을 자랑한다. 조계산에 자리한 선암사는 아늑한 공간에 들어선 절집이다. 불국사는 산자락에 있는데도 평평한 곳에 있는 듯 반듯하다. 위치로는 산지형 절집이지만, 평지형 절집의 모습을 지녔다. 짧게 이야기하면 부석사는 자리한 공간이 압권이고, 선암사는 건물과 건물사이의 이음 공간이 훌륭하고, 불국사는 가람배치가 탁월하다.

언젠가 보살들이 내(월명스님)게 한 질문에 답한 적이 있다. "이들 세 사찰을 간다면 어느 사찰이 마음에 드시나요?" 내 대답은 이랬다. "동행하는 이에 따라 다르다. 자연스럽고 세밀함을 추구하면 선암사를, 웅장함에 가치를 둔다면 부석사를, 자연과 인간의 기술적 구현에 의미를 둔다면 불국사가 제격일 것이다." 그랬더니 비슷한 말을 문화재청장을 지낸 유홍준 교수도 그런 말을 한 적이 있다고 했다. 유홍준 교수가 우리나라 사찰 중에 건축으로 뛰어난 세 곳이 있으니, 바로 불국사와 선암사, 부석사라고 했다고 한다. 여러 특징으로 세 곳에서 한 곳의 방문지를 고른다면 부석사는 우리나라 사람이, 선암사는 일본인이, 불국사는 서양인이 우선에 둔다고 했다. 크게 의미 부여할 필요는 없지만 세 사찰의 차이를 드러내는 설명이어서 고개를 주억거리게 된다.

[불국사 대웅전]

자, 이제 불국사 건립 시기와 당시 상황에 대해서 이야기해보자. 불국사는 앞서 말한 것처럼 통일신라 중대인 8세기 중엽 경덕왕 재위 시절에 재상 김대건이 창건한 사찰로 전해진다. '삼국유사'에 따르면 김대성은 불국사와 석굴암을 건립한 재상으로 유명한데, 그가 생전에 불국사 건립을 마무리하지 못하자 신라 왕실이 이를 완성했다고 한다. 신라 왕실이 국가 차원의 불사로 불국사를 완공했다는 이야기다.

후대 승려 입장에서 이 설명을 100% 모두 믿을 수는 없다. 일부만 믿게 된다고 고백해야 하는데, 이는 기록이 정확하지 않아서다. 삼국유사에 나오는 불국사의 창건 기록에는 "대성이 두 세상 부모에게 효도하다"는 표현이 있다. 일연 스님은 이전의 기록인 '고향전'의 내용 일부를 언급하면서 김대성이 현세의 부모를 위해서 불국사를 세우고, 전생의 부모를 위해 석불사를 세웠다고 했다. 그러면서 김대성이 경덕왕 신묘년(751년)에 불국사를 세우기 시작했다가 혜공왕 시절인 774년에 숨지자, 나라에서 불국사를 완성했다는 기록도 함께 전했다. 신하 김대성이 지은 사찰을 나라에서 완공해

줬다는 이야기에는 일부 과장이 있을 수 있다. 전해지던 이야기가 후대에 보충되고, 수정됐을 수 있다는 이야기다. 옆길로 좀 빠지자면, 우리나라 고찰 중에는 도선국사, 원효대사 의상대사의 창건 설화를 지니지 않은 곳은 별로 없다. 통일신라, 고려시대 이후 조선 전기에 불교가 핍박받다가 불교계가 후기에 각종 기록을 남기게 된다. 사찰들이 사지(寺誌)를 만들면서 과장했을 수 있다는 일각의 주장도 있다.

불국사가 세워지던 시기의 재위했던 경덕왕 시기 신라는 마지막 문화 융성기 시절을 보냈다. 국내에서는 중앙집권 강화에 재정 안정화와 당나라 문물 수입 노력으로 이뤄진 결과였다. 신라가 삼국을 통일한 676년 이후 100년 가까운 시기 동안 번창을 이어온 신라는 경덕왕이 재위하던 시기(742~765년)에 보다 강력한 문화적 성취를 일궈냈다고 할 수 있다. 말한 대로 여기에는 한국 불교미술과 건축의 정수로 인정받는 불국사의 존재에 있다. 이와함께 석굴암, 경주 남산의 수많은 불상 등도 신라 문화를 상징했다. 하지만 그 그간은 짧았다. 왕권 강화를 위해 절과 탑을 세우고, 부

왕 성덕왕의 업적을 기려 에밀레종을 만들기도 했지만 국가재정에 압박을 주기도 했다. 신라 불교의 최정상의 성취가 눈부시고 짧았으며, 거기까지 오는 기간 동안 국가적인 재정 투입도 적지 않았다는 이야기이기도 하다.

불국토가 구현된 불국사는 사찰의 전형을 보여준다. 불교도라면 시간이 허락할 때마다 불국사에 들러서 그 의미를 되새김질해도 된다. 간략히 설명해 보면 불국사에는 대웅전, 극락전, 관음전 비로전이 온전히 자리하고 있다. 대웅전에 올라가기 길에는 불국사의 석축을 보게 된다.

앞서 불국사에는 인공의 과정이 개입돼 있다고 했다. 사람의 손으로 자연의 미를 일궈냈다는 의미이다. 불국사는 산에 있지만, 정원은 없다. 비탈진 산을 평지처럼 활용하기 위해 많은 축대를 쌓았다. 불국사는 여러 모양의 자연석에 인공석을 앉혔는데, 자연석에 손을 대지 않고 인공석을 손질해서 활용했다. 자연석의 윗면에 인공석의 밑면을 깎고 맞춰서 자연과 인공의 조화를 이뤄낸 것이다.

불국사 경내에서 석가모니불을 모신 중심 법당인 대웅전에 들어가려면 백운교와 청운교, 자하문을 거쳐야 한다. 아래 계단은 흰 구름의 다리 백운교이고, 윗 계단은 푸른 구름의 다리 청운교다. 대웅전으로 향하는 길을 형상화하는 두 다리는 하늘로 올라가는 느낌을 준다. 17계단인 백운교와 16계단인 청운교는 부처의 나라로 가려면 물을 건너고, 구름 위를 지나야 한다는 불교 경전의 표현을 구현해 낸 것으로 볼 수 있다.

대웅전 서쪽에는 아미타불을 모신 전각인 극락전이 있다. 서방 극락세계를 상징하는 공간이다. 극락전으로 오르는 계단은 일곱 개 보물을 조각한 칠보교와 연꽃 받침을 조각한 연화교가 있다. 대웅전 인근엔 서쪽에 관세음보살을 모신 전각인 관음전과 동쪽에 비로자나불을 모신 전각이 비보선이 있다. 두 전각 모두 소박하고 단아해 나는 명상을 하기 위해 찾곤 한다. 단아하면서도 정갈하고, 기품 있는 공간에서 명상을 하면 번뇌의 소멸을 경험하게 된다. 관음전은 자비와 구제를 상징하고, 비로전은 진리와 깨달음의 상징한다.

[불국사 관음전]

[불국사 비로전]

불국사에 대해서는 할 말이 많은데, 다보탑과 석가탑의 가치도 탁월하다. 다보탑은 화려한 조형미와 독창적인 디자인을 자랑한다. 부처님의 설법을 증명하는 다보불이 등장하는 '법화경(法華經)'의 내용을 바탕으로 건립됐다. 사방에 난간과 섬세한 조각이 있으며, 살아있는 모습에 견줄만한 동적인 형태를 띠고 있습니다. 석가탑은 간결하고 정제된 형태이다. 3층석탑으로 균형과 비례가 뛰어나다. 내부에서 세계에서 가장 오래된 목판 인쇄물인 '무구정광대다라니경(無垢淨光大陀羅尼經)'이 발견됐다.

불국사는 일제강점기와 6·25전쟁을 거치며 크게 훼손됐다. 일제는 제국주의 욕심에 따라 불국사를 일부 복원하고, 일본총독부는 불국사를 부분적으로 해체하고 유물을 반출하는 등 약탈했다. 일례로 불국사 사리탑이 일본 공원 옆의 식당에서 발견되는 슬픈 기록도 있었다. 우리 정부 차원에서는 1969~1973년 전통문화 복원과 관광산업 활성화 차원에서 대규모로 원래 모습 찾기 프로젝트가 가동됐다. 하지만 정부 차원에서도 전문성 부족에다가 개발 우선주의 및 형식성으로 오히려 복원이 원활하게

[불국사 석가탑]

이뤄지지 못했다. 일례로 문화재 보수단이 공사를 시작한 1969년 10월 13일 사리함이 발견되고, 2시간만에 석가탑이 깨졌다. 석가탑 해체에 쓴 연장 중 하나였던 나무 전봇대와 장대가 2층 지붕돌의 무게를 이기지 못하면서 일어난 일이었다. 경내에서 합장을 하며 불경을 외우던 스님들은 석가탑이 깨지는 모습을 보고 통곡해야 했다.

불국사는 복원 과정을 거쳐 옛 모습을 많이 찾았지만, 백운교와 청운교 아래에 애초 있었던 구품연지를 복원하지는 못했다. 토함산 골짜기 물을 끌어들여 만든 연못과 수미산을 본떠 만든 범영루의 아름다운 조화미를 후대인들이 직접 보지 못하고 있는 점은 그래서 더욱 아쉽다.

그래도 불국사는 우리 절집 중에서도, 더구나 평지에 자리잡은 절집은 많았던 신라시대를 창건 연대로 삼은 사찰이지만 편안함과 정겨움을 같이 선사하는 공간이다. 우리는 물론 한국 문화의 원류에 대한 이야기를 조금이라도 아는 외국인라면 불국사의 매력에 빠져들 것이다. 보살과 처사, 사부대중 등 우리 시청자들도 신라 불교문화의 정수이면서 한국 미래문화의 보증이 될 불

[청운교와 백운교, 자하문]

국사를 자주 찾아보는 게 좋을 듯하다. 그게 나를 깨닫고, 아름다움을 깨닫고, 이웃과 주변과 불교에 친밀하게 되는 좀더 훌륭한 과정이기 때문이다.

03 불국토 이상향 드러낸 석굴암

앞서 불국사에 대해 설명했는데, 불국사와 함께 우리가 자랑스러워하는 통일신라의 문화유산은 단연 석굴암이 꼽힌다. 석굴암도 불국사처럼 재상 김대성이 경덕왕 재위 시절인 751년 창건을 시작해 23년 이후인 774년(혜공왕 재임기)에 완공한 것으로 전해진다. 신라가 통일 이전인 527년 불교를 받아들여 삼국통일을 거쳐 935년 멸망할 때까지 불교국가로서 최전성기를 보냈던 무렵에 지어진 불교 문화재이다. 석굴암은 불국사와 함께 통일신라 불교문화의 정수이자, 쌍두마차로 평가받을 수 있다. 2025년 기준으로 거의 1300년 가까이 우리의 자랑스러운 문화유산으로 인정받아온 셈이다.

두 문화유산을 인정한 것은 현대사회의 세계인들도 마찬가지인 것으로 보인다. 석굴암과 불국사 모두 유네스코 세계문화유산으로 등재된 게 이를 말해준다. 그런 점에서 석굴암에 대한 본격적인 답사와 여행에 앞서 유네스코 세계문화유산의 의미에 대해서 알아보자. 일부라도 이해하는 과정은 후손의 도리이면서 현대사회의 세계인의 일원으로서 가질 자부심의 표출 행위이기도 하다.

석굴암이 불국사와 함께 유네스코 세계문화유산으로 등재된 때는 1995년이었다. 이때가 우리나라 최초로 유네스코 세계문화유산 등재 문화재가 탄생한 때였다. 석굴암, 불국사와 더불어 같은 연도에 유네스코 문화유산으로 등재된 우리 문화재는 이외에도 해인사 장경판전과 종묘가 있다.

유네스코는 석굴암을 등재할 때, "인류의 창조적 천재성을 증명하는 뛰어난 걸작이며, 불교 건축과 조각 예술의 정점에 도달한 문화유산"이라고 평가했다. 석굴암의 건축적 구조와 조각 예술의 정교함에 대한 평가도 각별했다. 좀더 구체적으로 들어가 보면 완벽한 비율과 균형을 갖춘 본존불, 천부상, 보살상 등 조각들은 불교 미술의 극치이면서 동양 예술사의 독보적인 문화유산으로 평가받았다. 자연과 조화를 이루는 인공 석굴이라는 점도 유네스코의 인정을 받았다. 8세기 통일신라의 우수한 기술력과 종교적 신념이 결합된 걸작으로 평가받은 것이다.

유네스코 세계문화유산으로 등재됐다는 것은 여러 의미를 지닌다. 인류가 석굴암에 대해 세계적 차원에서 지닐 수 있는 보편적 가치를 인정했다고 할 수 있다. 통일신라는 물론 후대인 대한민국 혹은 아시아를 넘어 인류 전체의 문화유산으로 가치를 인정받았다는 이야기다.

이런 배경 때문에 세계문화유산으로 등재된 문화재는 보존과 관리 강화에 유네스코 등의 도움을 받게 된다. 보존과 관리가 국내는 물론 국제적 차원에서도 체계적으로 이뤄진다. 훼손이나 개발로 인해 야기될 위험에서 벗어날 수 있다.

이외에도 석굴암 등 문화재가 유네스코에 등재되면 이점이 많다. 세계적으로 주목받으면서 관광객이 늘어나고, 관련된 행사와 문화 교류가 증가한다. 경수도 그렇지만, 관련 지역의 경제에 긍정적인 영향을 끼치고, 주민들의 문화적 자긍심도 고양한다. 문화 연구와 교육 측면에서도 훌륭한 환경을 제공한다. 학문적 연구가 활발해지고, 후대에 교육적으로 중요한 자료가 될 수 있다.

30년 전 석굴암, 불국사와 함께 유네스코 세계문화유산으로 등재됐던 해인사 장경판전과 종묘는 당시 어떤 평가를 받았을까. 짧게 살펴보고 석굴암에 대한 본격적인 답사에 나서보자. 해인사 장경판전은 고려시대에 제작된 팔만대장경을 보관하는 건축물이다. 목조 건축 기술과 보존 환경이 뛰어났다는 점이 주목받았다. 자연 환기 시스템을 활용해 700년 동안 목판을 잘 보존한 점이 높이 평가된 것이다.

종묘는 조선 왕조의 왕과 왕비의 신위를 모신 제사 공간이다. 한국의 전통 의례와 건축 양식이 돋보인 공간이다. 조선 왕조의 국가적 의례와 유교 전통이 반영된 중요한 문화유산이다. 이처럼 1995년 한국의 첫 세계문화유산 등재는 불교 미술, 기록 문화, 전통 건축 등이 세계적 가치를 인정받는 계기가 되었다. 특히 첫 등재 과정에서 경주에 자리한 신라시대 유산인 석굴암과 불국사가 선택된 것은 눈여겨볼 대목이다. 2곳이나 되는 신라 유산과 달리 고려시대와 조선시대를 대표하는 유산으로는 해인사 장경판전과 종묘로 각기 1개씩이었기 때문이다.

자, 그러면 이제 석굴암 탐험에 나서자. 석굴암은 경주 토함산 기슭에 자리하고 있다. 석굴암은 원래 이름이 아니다. 통일신라 창건 당시엔 석불사로 불리었다. 일연 스님의 삼국유사에도 석불사라고 기록돼 있다. 석굴암은 일제강점기 시대 일본인들이 부르기 시작하면서 굳어졌다. 안타깝게도 문화재로 등록된 이름도 석굴암이다. 명칭을 바꾸기가 쉽지 않다고 한다.

석굴암은 바위를 파서 만든 굴 안에 지은 절이다. 석굴 사원은 사암이 많은 인도와 중국에 더러 있는데, 우리는 산천이 화강암으로 돼 있어 석굴을 파기는 쉽지 않는 환경이다. 그런데 석굴암은 화강암을 하나씩 깎고 다듬어 석공들이 쌓아 올린 굴이다. 천장은 둥근 돔으로 돼 있다. 불가사할 정도의 과학적 힘을 배경으로 해서 만들어진 사원이다. 석굴암은 앞쪽의 전실, 본존불이 들어선 주실, 그리고 전실과 주실을 연결하는 통로 등 세 부분으로 돼 있다.

석굴암이 통일신라의 과학적 기술을 활용했다고 하는데, 그 중에서도 주실의 본존불(석가여래좌상)에 주목해 보자. 석굴암 본존불은 이상적인 신체 비율과 균형을 갖춘 불상이다. 석굴암 본존불을 차분히 바라보면 살아있는 부처의 모습이 겹쳐진다. 불상에서 인체미가 느껴진다는 이야기다. 평화롭고 장엄하다. 눈은 반쯤 열려 있고, 입은 살짝 닫았다. 지혜와 자비로움이 느껴진다.. 옷자락은 흘러내릴 듯하고, 어깨와 무릎은 부드러운 형상이다. 부처님의 기품과 인간미가 동시에 전해진다고 하면 과장일가. 이런 느낌은 승려인 나(월명 스님)는 물론 일반 사부대중도 느끼는 감정일 것이다.

본존물의 모습에서 제아무리 인간미를 느낀다고 하더라도 찬찬히 살펴보면 조각상이라는 것은 어쩔 수 없는 진실이다. 그럼에도 부드러운 미소와 조각의 세밀함은 불교미술에 정성을 다했던 스님들과 선조들의 정성이 오롯이 느껴진다. 하나 더. 불상의 머리 뒤에 동그란 모양으로 돼 있는 광배의 테두리는 연꽃잎으로 장식돼 있는데, 이 또한 예술이다. 본존불을 올려다보면 눈썹, 이마, 어깨, 무릎, 왼손, 오른손, 원형의 광배, 연꽃 등이 조화로움의 극치를 보여준다.

그런 점에서 본존불은 단순한 불상이 아니다. 석굴암은 건축과 조각이 완벽하게 결합된 작품이다. 석굴암 내부 공간은 분명 인공적으로 설계돼 있는데, 자연스럽게 보인다. 인공적으로 구성된 조각들이 마치 인간의 모습처럼 조화를 이루고 있다. 석굴암은 조형미를 넘어, 인간의 예술성에다가 자연이 조화를 이루는 있다고 할 수 있다.

여기서 만족하면 석굴암의 진가를 절반만 아는 것이다. 동해에서 떠오르는 해가 동쪽을 바라보는 석굴암 본존불을 비출 때를 살펴야 한다. 장엄한 분위기는 극에 달한다. 동해 바다의 일출이 제아무리 아름답더라도 종교와 예술이 자연과 조화를 이룬 석굴암 본존불이 맞이하는 태양의 햇살보다 장엄하기는 힘들 것이다.

'천상의 빛이 부처에게 내리는 순산'을 나 함께 느껴보자. 새벽 일찍 석굴암을 찾아 일출의 순간을 맞이하는 경이로움을 느껴보자. 동해에서 떠오르는 태양빛이 석굴암의 입구를 통해 서서히 본존불을 밝히면, 본존불은 햇빛이 부드럽게 감싸는 얼굴을 맡긴 채 신비로운 분위기를 자아낸다. 나는 이 장엄한 광경을 가을과 겨울철에 더 즐긴다. 대기 중의 습도가 낮아 일출이 더욱 선명하게 보이기 때문이다. 황금빛 태양이 본존불의 이마와 눈 주변을 비추는 장엄한 모습에 8세기 스님들과 석공들의 노력에 고개를 숙이곤 한다.

석굴암 내부를 둘러보고, 일출의 장엄함을 목격했다면 석굴암이 표출해 낸 불교적 세계관에도 눈길을 다시 돌려보자. 불상과 보살상, 천부상 등이 배치된 방식은 신성한 공간을 구현한 것이다. 이런 세계관의 구현과 섬세하게 조각된 석굴암은 동서양 어디에서도 마주하기 힘든 모습이다. 석굴암 본존불보다 한참 뒤에 세상에 모습을 드러낸 미켈란젤로의 다비드 혹은 로댕의 생각하는 사람과 견줘도 뒤지지 않는다. 석굴암이 유네스코 세계문화유산으로 손색이 없는 이유이기도 하다. 결론적으로 돔형 구조, 정교한 석조 기술, 자연 채광을 활용한 내부 조명 등은 당시 최고의 과학적 성취를 보여준다. 원형 공간을 활용한 음향과 조명 효과는 현대 건축에서도 주목할 만한 기술이 활용된 셈이다.

불교도 입장에서 더 생각할 대목은 있다.

석굴암은 통일신라의 문화적 특징을 집약적으로 보여주는 유산이지만, 석굴암의 배치는 불교의 이상향을 구현한 것으로 볼 수 있다. 법화경의 사상이 반영된 것이다. 중앙의 본존불을 중심으로 41개의 조각상이 배치돼 불국토(佛國土)가 형상화된 것이다.

마지막으로 석굴암과 불국사를 비교해 보자. 석굴암과 불국사는 통일신라시대 불교미술과 건축의 정수를 보여주는 대표적인 문화유산이라는 점은 공통점이다. 차이점은 석굴암은 인공 석굴 사원이며, 불국사는 전형적인 목조건축 사찰이다. 석굴암은 석조 조각과 건축이 결합된 공간이며, 불국사는 대웅전, 다보탑, 석가탑 등의 목조 및 석조 건축물이 들어선 사찰이다. 석굴암이 이상적인 불교 세계를 석굴 속에 구현해 냈다면, 불국사는 인간 세계와 불국토를 사찰 건축을 통해 표현해 냈다고 할 수 있다. 불국사는 인간이 부처의 세계로 나아가는 길을 형상화했고, 석굴암은 부처의 세계 자체를 구현한 공간이라 볼 수 있다.

[석굴암 참배객 행렬]

04 불법을 수호하는
신성한 존재가 묻힌 곳, 대왕암

토함산과 석굴암, 불국사를 접했으니, 잠시 시선을 바다 쪽으로 돌려보자. 바로 대왕암이다. 대왕암은 경주시 양북면 봉길리 인근 바닷가에 자리하고 있다. 삼국을 통일한 문무왕을 화장한 다음 뼛가루를 뿌린 곳이다. 그만큼 성스러운 곳이다.

나(월명스님)는 서울 남산자락에 기거하는 승려이지만, 강가와 바닷가를 자주 찾는다. 불자로서 수행하기에 바다는 산사에 뒤지지 않을 깨달음을 준다. 거리가 있어 경주의 대왕암을 자주 찾지는 못하지만, 그곳을 찾게 되면 여느 국민들처럼 문무왕과 그 후손들의 호국정신을 깨닫게 된다.

대왕암은 불교 국가 통일신라에서 의미 있는 곳이다. 대왕암이 자리한 바다는 불교에서 생사의 흐름을 상징한다. 생명이 파도처럼 일어나고 사라지는 곳이 바다이다. 대왕암은 신라 왕조가 터를 닦은 경주의 동족 끝자락에 자리해 있다. 육지에 자리한 불국사와 석굴암이 신라 불교의 찬란한 기운을 선보이고 있다면, 대왕암은 문무왕의 호국 정신을 보여준다. 문무왕 수중릉, 그 앞에서 나는 왕조의 유한성과 불교의 불법과 왕국의 영원할 것 같은 호국정신을 생각해본다.

경주의 산사를 떠나 울산 대왕암으로 향하는 길은 넓은 세계로 통하는 길이다. 가슴은 일렁이는 동해의 푸른 물결처럼 커진다. 문무왕이 품었을 것 같은 통일신라의 안위와 후대를 향했을 간절함이 깊은 바다의 묵직함으로 다가온다. '삼국사기'와 '삼국유사'는 문무왕의 유언을 이렇게 전한다.

"나는 죽어서도 신라를 지키고자 하니, 바다에 장사를 지내라."

삼국을 통일한 대왕의 유언이었지만, 단순한 지침은 아니었을 것이다. 고구려와 백제를 이전보다는 좁은 영토에 불러들여 이룩한 삼국통일 이후에도 신라는 외침의 위협에 항상 노출돼 있었다. 단순한 유언이 아니었다. 문무왕은 신라 삼국통일의 위업을 달성하고도 외침의 위협을 직시했다. 문무왕의 유언을 통해 보건데, 대왕은 통일된 왕국의 국토를 보존하는 게 국왕이 죽어서도 지켜야 하는 책무이고, 가치였다는 것을 알았던 것이다. 왕국의 안위는 생사 너머, 혹은 생사를 초월한 경지에 달성할 의무였던 셈이다.

문무왕은 자신의 유언대로 동해에 안장됐다. 그 유언이 구현된 곳이 대왕암이다. 대왕암엔 문무왕의 넋이 깃들기라도 한 것처럼 신비로운 분위기가 감돈다. 천년 왕조 신라를 지탱한 힘이었던 불교의 윤회 사상과도 맞닿아 있다.

불교에서 생과 사는 끝이 아니라 연속을 의미한다. 문무왕은 용이 되어 신라를 수호하고자 했다. 이 믿음은 불교의 깨달음과 중생 구제의 정신을 담고 있다. 이는 불교의 사상인 '생사일여(生死一如)'와 연결된다. 생과 사는 다르지 않으며, 죽음조차 하나의 과정이라는 가르침은 대왕암에서 확인된다.

나는 대왕암에서 부서지는 파도를 보며 '제행무상(諸行無常)'의 진리를 떠올렸다. 세상에 영원한 것은 없다. 신라 역시 불교국가로서 삼국을 통일했지만, 얼마 지나지 않아 소임을 다했다. 그럼에도 신라왕조와

[대왕암]

당대의 신라인들의 신앙과 정신은 오늘에도 이어지고 있다. 대왕암은 그 정신이 이어지고 있는 현장을 보여주고, 우리에게 가르침을 주는 장소다.

대왕암에서는 제행무상과 함께 '일체유심조(一切唯心造)'도 생각하게 됐다. 모든 것은 마음이 지어낸다는 뜻이니, 얼마나 묵직한 의미인가. 신라인들은 불교를 바탕으로 문화를 꽃피우고 국가의 안정을 도모했다. 그들의 불교를 향한 신심과 의지가 그만큼 강했다. 보살과 처사는 물론 사부대중도 오늘의 우리가 처한 환경에서 어떠한 역경도 극복해 나갈 수 있다고 말하고 싶은 이유이다.

승려인 내 입장에서 보건데, 죽어서도 동해를 지키는 용이 되고자 했던 문무왕의 의지는 어쩌면 불교에서 강조하는 '보살행(菩薩行)'과 '무주상보시(無住相布施)'의 실천을 염두에 둔 왕의 신념이 표출된 것으로도 보인다. 보살행은 보살이 수행하는 실천을 의

미하며, 중생을 이롭게 하고 깨달음에 이르는 길을 걷는 자비의 실천을 뜻한다. 무주상보시는 모습이나 형상에 집착하지 않고 베푸는 것을 의미한다.

이런 생각은 대왕암에 도착해서도 이어진다. 대왕암은 흡사 거대한 암반이 바다에 떠 있는 모습이다. 아마 문무왕의 넋은 파도가 암반을 때리며 흰 포말을 일으키는 해수면 그 아래에서 때론 묵직하게, 때론 용맹스럽게 자리하고 있을 수도 있다. 이는 대왕암을 찾은 나만의 상상은 아닐 것이다. 당장 통일신라시대 사부대중은 그리 믿었을 것이다.

삼국을 통일한 문무왕은 호국의 신념으로 죽어서도 용이 돼 동해바다를 수호하고 있을 것이라는 믿음을 가졌을 것이다. 대왕암 앞에서 나는 문무왕의 마음을 이렇게 헤아려 본다. 내가 보기에 문무왕은 국왕이면서 보살행을 실천한 존재였다. 자신의 몸을 바쳐 바다의 수호신이 되고자 했던 문무왕의 숭고한 뜻에 고개를 끄덕여 본다. 이런 신념에 대한 평가인지, 미술사학자 유홍준 교수는 대왕암을 가리켜 "단순한 무덤이 아니라 신라의 정신적 방파제"라고 평가했다. 내가 보기에도 대왕암은 통일신라의 불교적 세계관이 구현되고 응축된 공간으로 보인다.

불교방송 시청자들은 이곳에서 무엇을 볼 수 있을까? 영상 혹은 이미지를 살펴보면 암반의 형상에 눈길을 줄 수 있다. 자연이 만들어낸 기묘한 구조 속에서 문무왕의 기운을 느껴지지 않은가. 눈이 아니라면 이번엔 귀를 쫑긋해 보자. 끊임없이 밀려오는 파도 소리에도 문무왕의 열망과 정신이 전해지는 것 같지 않은가. 보다 쉽게 공감할 방법이 더 있기는 하다. 동해의 일출을 바라보자. 동해를 앞뒤로 삼고 거침없이 떠오르는 태양은 어쩌면 매일 새로워지는 통일신라를 염원했던 문무왕의 붉은 정염을 상징하는 것인지도 모른다.

여건이 허락된다면 방송카메라가 포착한 모습처럼 여러분도 카메라 혹은 드론을 활용해 대왕암의 장엄한 모습과 그 주변의 파도를 앵글에 담아볼 수 있다. 나중에 다시 보면서 그 기상을 느낄 수 있다. 더 좋은 것은 해돋이 장면이다. 앞서 이야기 한 것처럼 대왕암에서 떠오르는 일출을 카메라에 담아 문무왕의 정신이 21세기 한반도 땅에도 전해지고 있다는 것에 공감해 볼 수 있다.

호국불교의 모습이 구현된 대왕암에서 불교에 대해서 다시 생각해 본다. 불교는 애초 자비를 근본으로 삼는 종교다. 자비 자체도 의미가 있지만, 속세와 왕조의 종교로서 불교는 그 의미를 더했다. 종교로서 의미는 물론, 호국의 신념이자 근거로 인식됐기 때문이다. 신라의 사상적 근거와 뿌리였던 것이다. 불교는 그런 점에서 신라 왕조 운영의 결정적인 강력한 기둥이었던 화랑도에 견줄만 하다. 문무왕은 불교의 정신을 체득해 삼국통일을 이뤘고, 문무왕 등 신라 왕실의 호국불교는 국가 방어는 물론, 백성을 위한 종교였던 것이다.

나는 오늘로부터 1200년이 훨씬 넘는 때에 고려에 멸망했던 천년 왕조 신라의 정신을 생각해본다. 그러면서 신라의 여러 숨결을 따라 걷고, 생각하면서 이승과 저승, 자비와 호국의 정신, 왕조와 백성에 대한 생각을 교차했던 문무대왕의 심중을 헤아려 본다. 21세기를 사는 승려로서, 나는 그 문무왕의 정신과 통치 유사는 단순한 역사적 사실이 아니라 후대의 우리 삶 속에도 이어져야 한다는 점을 각성한다. 불법(佛法) 수호가 바로 호국과 백성의 안녕을 위한 신념이었던 것처럼 말이다.

일출의 광경이나, 낮의 밝은 시야로만 대왕암을 바라봐서는 대왕암이 지닌 온전한 뜻을 다 알기엔 한계가 있을 수 있다. 낮을 함께 한 햇살의 여운이 남아있는 경주 바다에 노을이 붉게 내리는 때 대왕암을 찾아본다. 바다와 하늘의 경계가 선명해지고, 고요함이 짙어지며 좌선을 하는 나는 바다와 하늘과 하나가 되고 싶어진다.

대왕암 앞에서 합장을 하고, 고개를 들어 저 멀리 평화로운 모습의 먼 바다를 바라보았다. 어쩌면 낮 동안 내왕암을 지키고, 용이 돼 헤엄치고 있을지도 모를 문무왕의 모습을 상상해 본다. 그도 아니면 통일신라의 현장을 호령했던 대왕이 이제는 자연으로 돌아가 동해의 물방울의 흔적이 윤회의 가르침을 생각해 본다. 시적 허용처럼, 생각의 허용을 만끽하면서 대왕을 향해 합

장을 한다.

왕이라도 개인의 삶은 짧지만, 나라와 불법(佛法)은 영원하다. 대왕암이 문무왕의 신념을 대변하는 것처럼, 21세기 우리도 불자로서 진리를 지키며 생활해야 할 것이다. 세상이 숱하게 변해도 자신의 자리에서 정진하는 게 불자의 길일 것이다. 대왕암은 불교의 공(空) 사상을 다시금 떠올리게 하는 공간이다. 생성하고 성장하며 변하고, 소멸하는 게 속세의 이치이지만, 마지막까지 남아있는 것은 진리다. 문무왕 육신과 신라의 흔적은 자연과 역사의 범주에 들어갔지만, 대왕의 정신은 매일처럼 바다의 파도와 같이 우리에게 전해지고 있다.

[이견대에서 바라본 대왕암]

05 산재한 고분군과 경주국립박물관에서 접하는 역사와 부처님의 가르침

경주는 문화유산의 도시이다. 도시 전체가 살아있는 역사박물관이며, 문화의 보고이다. 경주는 발길 내딛는 곳들이 죄다 살아있는 역사의 현장이다. 자동차로 둘러보든, KTX와 시외버스터미널을 이용해 도착했다가 시내버스를 타고 바라보든 경주는 온전히 역사의 향기를 뿜어낸다. 그래도 두 발로 걸으면서 눈과 가슴으로 왕경 도시 경주를 접하는 게 최고이지 싶다.

이런 경주는 유네스코가 인정하고 있다. 경주 곳곳이 유네스코 문화유산에 등재돼 있다. 제일 먼저 이름을 올린 불국사와 석굴암은 1995년 세계에 그 가치를 알렸다. 불국사의 건축적 아름다움, 석굴암의 조형미에 대해 유네스코가 평가한 것이다. 2019년엔 '한국의 서원'의 범주에 경주의 옥산서원이 등재됐다. 옥산서원은 조선시대 유학자 이언적을 기리기 위해 건립된 서원이다.

2000년엔 도시 전체가 아예 '경주 역사유적지구'라는 이름으로 등재됐다. 신라 왕경과 주변 유적의 역사적, 예술적, 종교적 가치를 인정받은 것이다. 경주 역사유적지구는 남산지구, 월성지구, 대릉원지구, 황룡사지구, 산성지구 등 다섯 구역으로 나뉜다. 남산지구는 신라 불교문화의 성지로, 절터, 불상, 마애석불, 석탑 등이 산재한 곳이다. 월성지구는 신라 왕궁(월성)과 주변 유적이 위치한 곳으로 동궁과 월지, 첨성대, 계림 등이 대표적인 유적이다. 대릉원지구는 신라 왕족과 귀족들의 거대 고분군이 모여 있는 지역으로, 천마총과 황남대총 등이 구체적인 예이다. 황룡사지구는 통일신라 최대의 사찰이었던 황룡사와 9층 목탑 터가 자리한 곳이다. 산성지구는 신라 수도인 경주를 방어하기 위해 축조된 산성이 있는 곳이다.

오늘 나(월명스님) 현대사회의 도시과 공존하는 대릉원지구 등의 고분군을 탐방하고, 설명하려 한다. 죽은 자들의 공간인 고분을 방문해 본 적이 있는가? 특히 현대인들의 거주지에서 멀지 않은 경주 고분군 주변을 걸어 본 분들이 있을 것이다. 이런 분들이라면 내가 앞으로 하는 이야기에 고개를 끄덕일 수 있다. 고분군은 표면적으로는 거대한 흙무덤들이 산처럼 이어져 장대한 풍경을 이루는 모습이다. 내부적으로는 신라의 왕권과 사회 구조를 설명하는 장소다. 고분군이 신라 왕과 귀족들의 무덤이 모여 있는 곳이기 때문이다. 내가 고분군을 신라 천년의 영욕의 역사, 비밀을 품고 있다는 사학자와 여행자들의 의견에 동의하는 이유다.

대릉원지구에 가면 고분군인 봉황대와 황남대총를 찾게 된다. 두 곳은 경주 고분군 중에서도 규모가 크고 의미가 깊은 곳으로 꼽힌다.

봉황대(鳳凰臺)는 경주시 황남동에 터를 두고 있으며, 단일 무덤으로는 경주에서 가장 크다. 부부 무덤으로 2개가 함께 자리한 쌍봉으로 신라의 왕릉으로 추정되지만, 무덤의 주인이 특정되지는 않고 있다. 마립간(麻立干) 시기의 무덤 양식을 따르고 있어, 5세기 전후에 조성된 무덤으로 보인다. 마립간은 17대 내물왕부터 22대 지증왕까지에 6명의 국왕에 사용한 칭호다. 왜가 신라를 공격하고, 고구려의 도움으로 위기를 극복하던 시기였다. 고구려의 지원으로 국력을 키운 신라의 왕실은 강력해진 권한을 대규모 무덤 조성을 통해 대외내에 알렸던

[봉황대]

것으로 보인다. 왕은 물론 고위 귀족들도 이곳에 무덤을 조성했을 것이다. 왕은 6명이었지만, 조성된 무덤은 훨씬 많았기 때문이다. 고분은 4~6세기 한반도 곳곳에서 볼 수 있는 형태이지만, 경주의 고분이 유독 크다.

황남대총은 1973년 발굴 조사가 시작된 곳이다. 다른 고분들처럼 신라시대의 왕과 왕비의 합장묘로 밝혀졌다. 남분(南墳)과 북분(北墳)으로 이뤄졌으며, 남분에서 유물과 금관이 출토됐다. 유물의 특징으로 무덤의 주인은 5세기 무렵 신라의 왕릉으로 추정됐다. 북분에서는 여성의 유골과 다량의 장신구가 발견됐다. 사학자들은 황남대총 고증을 통해 신라 왕실의 장묘 문화와 권력 구조 파악에 도움을 받았을 것이다.

거대한 적석목곽분(積石木槨墳)의 고분은 1500년이 훌쩍 넘은 21세기에도 그 시대 마립간의 힘을 상징한다. 왕의 권위가 사후에도 이어질 것이라는 기대가 반영됐을 것이다. 그 권위의 상징이기에 우리는 존중해야 한다. 제아무리 친밀한 기분이 들더라도 고분에 올라가서는 안 된다. 옛날 옛적에는 동네 놀이터처럼 아이들의 놀이공간이었을 수 있지만, 문화재 개념이 가득 찬 요즘엔 그러다가 야단맞고, 처벌받기 십상이다. 경주의 고분군은 국가지정문화재로 지정됐기 때문이다. 문화재보호법에 따라 무덤에 올라가거나 훼손하면 처벌받는다고 한다. 봉황대와 황남대총 등 대형 고분은 물론, 작은 고분 위에도 올라가면 안 된다.

불교도들이 어떤 사람들인가. 나도 일반 신도들처럼 지정된 탐방로를 따라 걸어본다. 문화재보호법에 대한 두려움 때문이 아니라, 불교국가 신라의 천 년 역사를 왕릉을 존중하려는 마음에서다.

존중의 마음을 갖게 되면 고분을 단순한 매장지로 바라보는 게 아니라, 장묘문화에 대한 탐색과 함께 신라 역사를 생각하고, 삶을 되새겨보는 현장이다. 봄기운이 가득한 때, 혹은 여름의 열기가 대지를 적실 때 고분군에서 걸어보자. 나는 그럴 때마다 고분군을 환희가 가득한 윤회의 공간으로 바라보게 된다. 새싹이 돋고, 꽃이 피며, 온 생명이 각기의 역할을 하는 그런 공간 말이다.

발걸음을 이어가지 못하는 처지의 불교신도라면 한번 상상해 보는 것으로도 좋다. 능선엔 노랗게 물든 개나리가 가득하고, 벚꽃이 흩날린다. 잎새는 부끄러운 듯 부드럽게 햇살을 받아들인다. 아이의 볼살을 만지는 순간보다 부드러운 바람이 불어오면, 새들이 응대한다. 천년을 품은 봉분 주변에서 생명체인 동물과 식물이 축제를 펼친다. 결국 고분군은 죽은 자들의 공간이 아니라, 생명의 약동을 보여준다. 삶이 떠난 무상(無常)의 공간이 새로운 삶으로 윤회의 의미를 더하는 것이다. 부처님의 가르침이 그러했다. 모든 것은 변하고 그 변하는 게 무상의 진리라고 하셨다.

인간의 삶이 그러하듯, 다른 생명체도 윤회를 거듭한다. 식물만 하더라도 싹을 틔우고, 꽃망울을 맺히며 새로운 계절과 윤회의 흐름을 보여준다. 생명체나 물질만 그러할까? 부처님의 가르침처럼 우리의 마음도 새로 태어나는 윤회의 철학을 경험할 수 있다. 싹을 틔운 꽃과 잎은 시들거나 떨어지는 것처럼, 사람의 마음도 생기발랄했다가 주눅들 수 있다. 물론 주눅 든 마음은 온기를 받거나 생동감 있게 거듭나기도 한다. 봉분의 주인도 그랬을 것이다. 봉분 속에 잠든 이는 신라시대에 어쩌면 화려한 삶을 누렸겠지만, 한 줌의 흙으로 돌아가서 후대에 또 다른 교훈을 주고 있다.

봉황대와 황남대총 등 고분군은 언제 방문해도 좋다. 방문 시기가 여름이면 어떨까. 대지를 강렬하게 내리쬐는 여름 태양과 열기를 배경으로 고분의 푸른 잔디는 오히려 싱그러움을 더한다. 매미 소리는 쉼 없이 여백을 메우고, 내 마음은 매미 소리와 푸른 하늘 사이에서 부처님을 생각해 본다. 뜨거운 햇살 아래에서 한여름 더위처럼 타오르는 인간의 열망을 낮추고, 불멸한 인간의 삶을 생각하게 된다. 욕망이 크면 결국 집착과 괴로움이 커진다. 물론 덧없는 것들이다. 봄철의 고분이 생명 복원을 보여준다면 열기 속의 여름의 고분은 인생무상의 진리를 예비하는 듯하다.

천고마비의 계절 가을엔 무덤들마저 황금빛으로 물들게 한다. 넘치는 완벽함으로 절정을 보여줬다가 사라지는 이치를 보여준다. 누구는 만추의 고분에서 삶의 황혼기를 떠올리기도 할 것이다. 그곳에서 어떤 이는 후회하고, 어떤 이는 감동의 눈물을 흘릴 수도 있다. 무슨 생각을 해도 좋다. 순간은 소중한 법이지만, 그렇다고 영원불멸도 없다. 매사 충실하되, 미련도 두지 말아야 한다. 이런 깨달음은 적막한 겨울 고분에서 제대로 접할 수 있다. 앙상한 나뭇가지와 차가운 바람으로 가득한 봉분은 고독에 빠지게 한다. 그나마 하얀 눈이 쌓여 봉분을 감싸면 마음이 경건해진다. 봄 여름 가을을 여러 색감으로 채운 봉분이 어느덧 하얀 빈터로 거듭난다. 사계절 봉분에는 생사, 희로애락, 만남과 이별이 이어지고 분절된다.

고분에서 제행무상의 이치를 느끼고는 정적인 듯 동적인 흐름을 이어오는 국립경주박물관을 찾게 된다. 박물관의 전시실을 거닐며 황금 장신구와 불상, 토기와 유물을 따스하게 바라본다. 경주국립박물관은 유물을 전시하는 의미 이상의 가치를 지녔다. 바로 신라 정신문화를 담고 있는 법당과도 같다. 신라 왕조의 찬란한 순간은 기억해내고, 불교의 깊은 사유를 되살려주기 때문이다. 잠깐 다른 이야기를 하자면, 나는

[황남대총]

일반 신도들처럼 금관에 주목해 보았다. 신라의 왕과 왕비가 금관을 머리에 얹고 바라본 세상은 어떤 모습이었을까. 불교에서 금빛은 부처님의 지혜를 설명하는 빛이다. 금관을 쓴 신라의 왕은 그런 점에서 부처님의 가르침을 실천하는 사람이었을 것이다.

나는 동행한 처사에게 이런 말을 했다.

"신라의 왕과 불교를 믿었던 그들의 정신은 우리 곁에 있다. 그런 왕들의 유물을 직접 볼 수 있는 우리는 행복한 사람들이다. 그리고 봉분과 박물관에서 보듯, 죽음은 끝이 아닌 새로운 시작이지요. 왕의 부부, 귀족은 잠들었지만, 그 시대를 살았던 이들의 정신은 살아있잖아요. 깨달음이 깊을수록 그 정신은 더욱 온전하게 전해지는 법이지요."

신도들에게 말한 것처럼 나는 고분의 도시 경주에서 '나무아미타불(南無阿彌陀佛)'을 읊조리며, 부처님의 가르침을 다시금 깨닫게 된다.

06 불교의 다른 이름, 경주 남산

경주 남산은 신라시대 왕이 머물렀던 궁궐의 남쪽에 있는 산이다. 남천도 있는데, 궁궐의 남쪽을 흐른다 해서 붙여진 이름이다. 남산은 불교의 다른 이름이다. 남산은 크지도 넓지도 않지만, 골이 많고 표정이 여럿이다. 그 여러 표정은 한국 불교의 유산을 다양하게 담고 있다. 남산의 골짜기와 비탈엔 불상과 탑이 넘쳐난다. 하나씩 이름을 나열하기도 버거울 정도다. 서라벌에 거주하던 신라인들이 불교를 믿음으로 수용하면서 남산 곳곳에 절집이 들어선 까닭이다.

승려가 말하는 남산은 한국 불교에 대해서 말한다는 것인데, 남산은 노천 불교박물관이다. '지붕 없는 박물관'이라는 흔한 표현 밖에 꺼낼 수 없어 안타까울 정도로 남산은 독보적인 불교의 성지다. 왜 그런 평가를 할까. 남산은 불교 발상지 인도, 최고의 불교 지역 티벳에서도 접하기 힘든 불교의 색채가 넘쳐나는 지역이다. 남산은 그런 점에서 부처의 나라이며, 불교의 종합체육관이다.

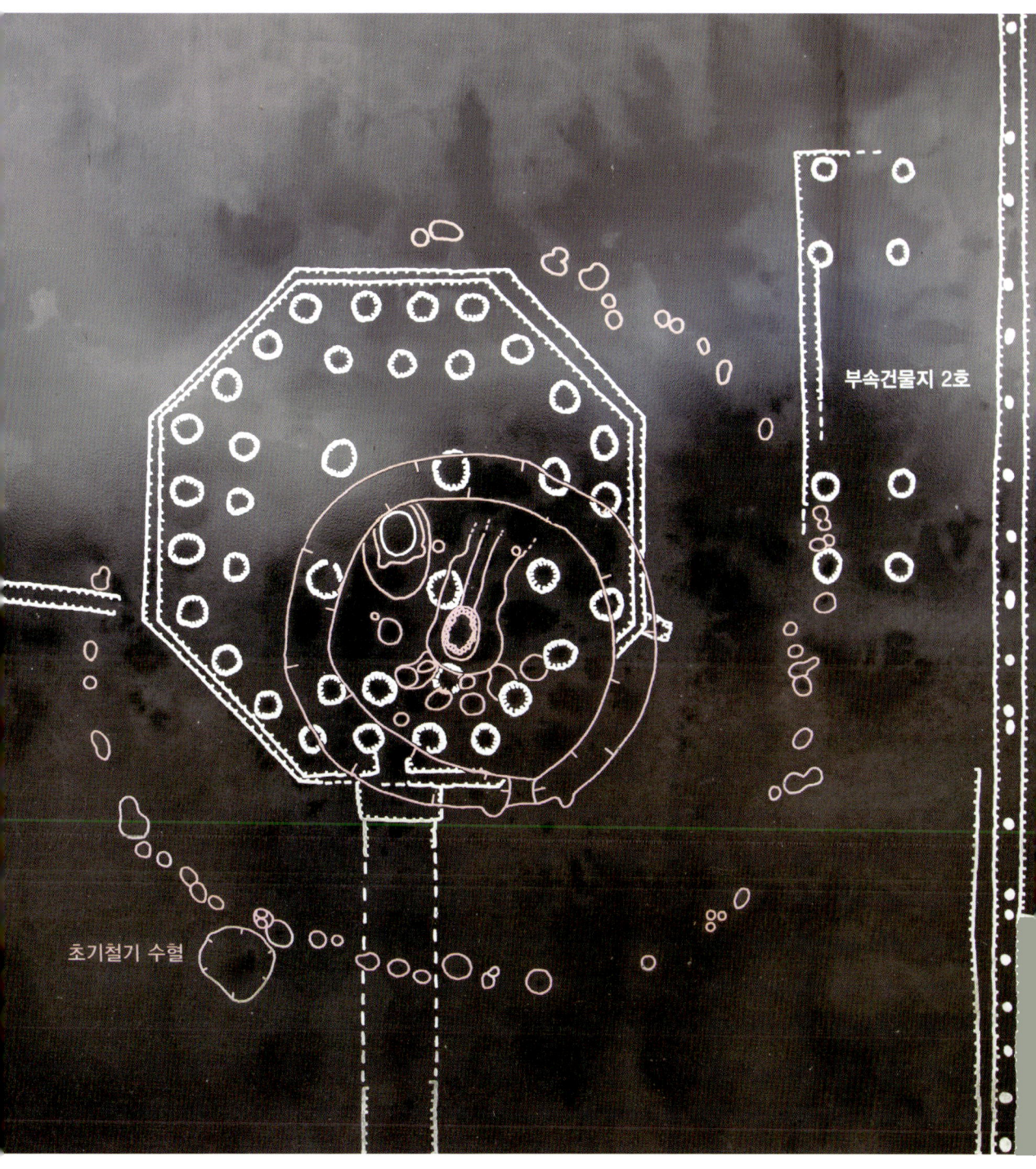

[나정 배치도]

경주시에 물어보았더니, 남산은 서울 여의도 면적의 5배 안팎이라고 한다. 이곳에 절터 122곳, 석불 80개, 석탑 61개가 곳곳에 자리하고 있다. 남산 자락엔 신라 시조 박혁거세가 모습을 드러냈다는 나정, 신라의 멸망을 예고한 비운의 장소인 포석정을 품고 있다. 박혁거세의 탄생 설화는 남산 끝자락인 나정을 배경으로 하고 있고, 통일신라 말기 경애왕이 후백제 견훤에게 포박된 포석정은 서남산 아래에 있었다. 신라 천년이 남산에서 시작되고 끝났다고 하면 과언일까.

남산을 불교 노천박물관이라고 했지만, 쉽게 살펴볼 곳은 아니었다. 남산 둘레길이 생기기 전까지만 해도 허리를 수 차례 숙이고 펴면서 오르내렸던 곳이다. 불국토, 부처의 나라의 흔적이 곳곳에 전해지는 남산은 마음 편하게 이곳을 찾은 이들에게 쉽게 곁을 허용하지 않았던 것이다. 물론 남산은 신라시대 당시만 하더라도 왕과 귀족, 승려, 군인, 일반 백성들까지 곧잘 찾았던 장소로 파악됐다.

지명 명칭에서 남산이 지닌 불국토의 의미가 가득 묻어난다. 서남산에는 왕정골, 식혜골, 장창골, 윤을골, 포석골, 기암골, 선방골, 삼릉골, 삿갓골, 약수골, 비파골, 잠늠골, 용장골, 은적골, 열반골, 천룡골 등 불교문화가 스며든 지명을 쓰는 골짜기마다 마애불과 유적이 있다. 동남산의 절골, 부처골, 탑골, 미륵골, 천암골, 철와골, 국사골, 오산골, 기암골, 승소골, 천동골, 봉화골, 별천령골, 새갓골, 양조암골, 백운골 등에서 불교 흔적이 가득하다.

유물을 분석해 볼 때 집안과 사회에 길흉사가 있으면 이름 없는 바위에 불상을 새기었을 것이다. 이를 통해 웃는 모습, 혹은 자비로운 모습 등을 닮은 여러 형태의 돌부처들이 처음 새긴 이들은 물론 이후 남산을 오가는 이들을 반기고 응원했을 것이다. 바위에 새겨넣은 불상을 앞에 두고 응당 기도가 이어졌을 테다. 기도의 내용은 각기 달랐겠지만, 나은 사회를 위한 갈구는 간절하지 않았을까. 불교국가 신라 승려의 기도 주제는 다양했을 것이라고 짐작해 본다. 나라의 안위에서부터 사부대중의 사소한 고민까지 주제 대상에 올렸을 것이다. 불교적 가르침의 전파, 백성들의 온전한 하루를 위한 기도였을 테니 말이다. 혹시 남산을 찾은 고승이 국태민안을 위한 기도하던 모습을 접한 일반 백성의 기분은 어떠했을까. 21세기 승려인 내가 그 기분을 잘은 모르지만, 대략적인 느낌을 짐작해 본다. 남산자락의 월명사를 찾은 사부대중이 내게 했던 말에 견주어 짐작해 보면 더 그럴싸할 것이다.

"스님, 저는 오늘 운이 너무 좋습니다. 스님의 인자한 모습과 자비로운 부처님의 모습을 동시에 뵈니 이제 걱정이 없습니다. 이제 서라벌로 내려가 오늘 자식들 다시 키울 걱정을 드러내고, 힘껏 살아보겠습니다. 스님 고맙습니다. 지친 마음에 위로 가득 받았습니다."
고승이 아니더라도 남산은 백성들에게 많은 위로를 줬을 것이다. 남산을 거대한 부처라고 부르고 싶은 이유이다.

아쉽게도 남산이 품고 있는 여러 형태의 돌부처 모습은 온전하지 않은 게 많다. 백성들에게 맞춤형 기도의 대상이었을 돌부처들의 외양은 많이 훼손돼 있다. 신라시대 불국토의 공간이었지만, 이후 여러 시대를 거치면서 문화 훼손에 직면한 것이다. 남산 곳곳의 불상이 그렇다. 어쩌면 신라시대엔 멋진 절에 모셔졌을 불상들이 야외에서 발견되는 경우엔 훼손 정도가 더 심했다. 돌부처의 코가 일부 깨지고, 부서진 경우도 많다. 코는 돌부처에서 돌출된 부위이기에 자연스럽게 떨어져 나가는 경우도 많겠지만, 미신 때문에 훼손된 경우도 있었을 것이다. 비바람에 마모된 것은 그렇다고 하더라도, '석불의 코를 갈아서 먹으면 아들을 낳는다' 등의 미신 때문에 훼손됐다면 안타까움이 크다고 하겠다.

계절을 달리하며 남산을 찾아 왕실과 중생들이 함께 기도했던 간절한 분위기를 느껴보는 것은 어떨까. 21세기의 경주 남산엔 굽은 소나무가 많지만, 신라시대에는 그러지 않았을 것이다. 나무가 별로 없었을 것이라고 사학자들은 주정한다. 남산에 굽은 소나무가 많은 것은 경주의 다른 지역과 마찬가지로 토양이 그리 기름지지 않은 것도 영향을 미쳤다고 할 수 있다. 요즘엔 나무가 많아 계곡과 골짜기의 나무들이 그늘을 제공한다.

소나무 향도 가득하니, 부처님의 법신(法

身)이 펼쳐진 듯한 남산을 찾아보자. 물론 계절마다 돌부처와 탑은 다른 모습이다. 다른 모습이지만 접하게 되는 자비를 향한 깨달음과 진리의 가치는 오늘도 여전하다. 얼마 전 삼릉계곡을 천천히 걸어들어가 마애석가여래좌상과 마애관음보살상, 선각육존불을 찾았다. 특히 6m 높이로 바위면에 조각된 마애석가여래좌상은 충남 논산 관촉사에 있는 마애석불처럼 둥글고 온화한 얼굴로 방문객을 맞이한다. 부드러운 부처님의 표정에 중생의 시름도 줄어들었을 것이다. 옅은 녹음이 남산을 채우는 계절을 배경으로 마애석가여래좌상의 온화한 표정은 부드러운 햇살에 더욱 자비로운 모습을 했다. 겨우내 혹독한 시간을 거치고 녹음을 만들어내는 식물들처럼 마애석가여래좌상을 찾은 중생의 삶도 새롭게 시작될 것이다.

마애불은 작열하는 태양 아래서도 태풍, 장마, 폭설의 시간에도 꿋꿋하게 남산 바위면을 지켜왔다. 인도에서 출생한 부처님이 수행의 길을 걸었던 것처럼, 마애불은 앞으로 인고의 시간을 견디며 온화한 미소를 계속 보여줄 것이다. 그런 점에서 남산을

[남산 마애관음입상]

[선각육존불상]

[선각육존불상]

오를 때마다 나(월명 스님)도 그렇고, 중생도 그 깨달음을 얻고 실천하는 시간을 갖게 되는 셈이다. '우리 안의 부처를 만난다'는 느낌으로 남산을 올라보자. 봄에 깨어났다가, 여름에 인내하고, 가을엔 무상의 시간을 견디어 낸 뒤, 겨울엔 깨닫는 과정을 거칠 수 있다.

삼릉계곡을 벗어나 이번엔 용장골로 향했다. 용장골은 남산에서도 가장 깊고 넓은 계곡이다. 고위산과 금오산 사이에 자리한 용장골은 수려한 경관과 풍부한 수량으로 답답한 가슴을 시원하게 했다. 용장골에서 통일신라의 흔적을 지닌 용장사지와 김시습을 떠올렸다. 조선시대 생육신으로 승려이자 문인이었던 김시습은 용장사에서 '금오신화'를 집필했다. '금오신화'는 시은이가 밝혀진 최초의 한문소설로 알려져 있다.

조선시대 전기를 살았던 김시습은 이곳에서 형성한 불교적 세계관을 바탕으로 최초의 한문소설을 집필했다. 생애 후반부를 불문에 귀의하여 설잠(雪岑)이라는 법명을 두고, 불교적 색채가 짙은 작품을 썼다. '금오신화'에서 불교적 정서와 연결되는 지점은 무상(無常)의 인식과 윤회사상이다. 그런 점에서 김시습이 머물렀던 용장골은 내면의 수행을 위한 공간이었다고 할 수 있다. 집필 장소를 둘러싼 자연환경은 불교적 명상을 가능하게 했을 것이다. 계곡의 물소리, 바람에 흔들리는 나무들, 밤하늘의 별빛은 불교적 가르침을 얻는 도구로 충분했을 터다. 국문학자들이 평가하기를 '금오신화'의 주제 의식엔 장자의 호접지몽(胡蝶之夢), 불교의 일체유심조(一切唯心造)의 철학적 사유가 연결된다.

불교도라면 삶의 본질을 성찰하게 하는 '금오신화'의 문장을 하나씩 음미해 보는 것도 좋을 듯하다. 바람처럼 우리 곁을 스쳐 지나가는 진리의 소리를 오래 듣고 싶다면 말이다. 오는 여름 비 많이 내린 사나흘 뒤 용문골 계곡에 앉아 기도하고, 물소리도 듣고, 부처님 말씀도 되새겨 볼까 한다. '금오신화'를 옆에 두고서.

07 천상과 불국토를 연결한 에밀레종의 종소리, 성덕대왕신종을 찾다

경주국립박물관에 가면 성덕대왕신종을 바라본다. 박물관 한켠에 있는 성덕대왕신종은 에밀레종으로 잘 알려져 있다. 잘 알려진 이름에 비해 성덕대왕신종의 모습에서 웅장함을 느끼기는 힘들다. 오히려 안타까움과 애처로운 기분이 든다고 하는 사람도 많았다. 종각이라는 울타리도 없고, 때마다 소리를 낼 수도 없으니 말이다. 보호 명분으로 소리를 내지는 않지만, 보호를 위한 종각이 없는 상태가 이어졌으니, 애처로움이 클 수밖에 없다.

처사의 어린아이가 경주국립박물관에 소재한 성덕대왕신종을 같이 보게 됐다. 아이가 있으니, 간단한 설명은 필수적이다.

"종소리를 들을 수 없어요. 듣고 싶은데요."
"네가 태어나기 한참 전에 종을 치는 것을 중단했단다. 직접 들을 수는 없는데, 아주 좋은 기술과 영상을 활용해 제공하는 '성덕대왕신종 소리체험관'이 있단다. 여기에서 들어보렴. 그리고 성덕대왕신종처럼 우리가 만든 신라대종이 있는데, 종을 치는 프로그램이 있단다. 엄마랑 신청하면 체험에 참여할 수 있단다."

성덕대왕신종은 2003년 10월 3일 개천절 타종이 마지막이었다. 종을 보호하기 위해 타종이 중단됐다. 그래서 아이의 한 맺힌 울음소리 같다는 에밀레종의 실제 종소리를 이제는 직접 들을 수 없다. 대신에 소리체험관에서 디지털 기술로 재생한 종소리를 들을 수 있다. 간접 체험이지만, 신묘한 느낌은 여전하다. 소리체험관에서 들을 수 있는 성덕대왕신종 종소리는 국립경주박물관과 포항산업과학연구원 등의 노력으로 어느 정도 복원된 소리다. 일반 종들은 한번 타종하면 소리가 10~20초의 여운을 남기지만, 성덕대왕신종은 1분 이상 이어진다. 경주시에서 운영하는 신라대종 타종 체험 프로그램을 이용해 보는 것은 어떨까? 인터넷으로 신청하거나 현장에서 접수하면 하루 몇 개 팀이 행운을 얻을 수 있다.

그런데 정말 성덕대왕신종은 어린아이의 생명을 도구로 해서 만들어진 소리일까? 자비로운 부처의 나라에서 아이 목숨으로 종소리를 만들었다는 이야기는 야사치고도 황당하다. 옛날엔 관광통역안내사 이런 이야기를 하면 외국인 여행객들이 당황스러운 표정과 눈빛을 하고는 설명이 이어지는 자리를 뜨고는 했다고 한다. 자비로운 부처님의 가르침과는 너무 다른 끔찍한 이야기이기 때문일 것이다. 불교도가 아닌 외국인들도 고개를 끄덕일 수 없는 야사인 셈이다. 역사적으로 가치가 무궁무진한 성덕대왕신종을 앞에 두고 아이의 생명과 종소리를 연결하는 이야기를 해서는 안 된다. 성덕대왕신종이 만들어진 시대는 살아있는 사람을 함께 무덤에 묻는 순장풍습이 공식적으로 금지된 때였다. 불교국가 신라가 불교의 가르침에 반하는 인신공양을 허용했다는 것 자체가 어불성설이고, 믿을 수 없는 이야기다.

황당한 이야기가 나온 배경은 무엇일까? 다들 잘 아는 야사일 터이지만, 노파심에 그 과정을 바르게 복기해 보자. 성덕대왕신종(聖德大王神鐘)은 경덕왕이 부왕인 성덕왕의 공덕을 기리기 위해 제작한 종이다. 경덕왕은 재위 기간에 제작 마무리된 성덕대왕신종을 접하지 못했고, 신종은 성덕왕의 아들 혜공왕 재위 때인 771년 완공됐

[성덕대왕신종(에밀레종) 명문사진]

다. 이 종은 통일신라의 뛰어난 주조 기술과 불교 신앙이 어우러진 걸작으로 평가받고 있다. 높이 3.75m, 입 지름 2.27m, 무게 18.9톤인 거대한 범종이다.

에밀레종으로 자주 불리는데, 성덕대왕신종의 소리는 울림이 깊어 '신비의 종소리'로 평가받는다. 성덕대왕신종의 섬세한 음향 구조와 정교한 장식에 감탄사를 쏟아내곤 한다. 정교한 장식부터 살펴보자. 용뉴(龍鈕)는 두 마리의 용이 역동적으로 얽혀 있는 모습이다. 용 두 마리가 하늘로 솟아오르는 듯한 기운을 담고 있으니, 그 기상이 얼마나 높겠는가? 종신엔 구름과 연꽃 문양이 새겨져 있다. 불교의 상징과 가르침, 신비스러운 의미를 담았다는 이야기다. 이것만이 아니다. 성덕대왕신종의 중앙에 새겨진 비천상(飛天像)을 한번 조용히 살펴보자. 신비로운 미소에 고개를 숙이게 된다. 눈을 감고 비천상의 모습을 생각하고, 종소리를 듣고 있다고 상상해보자. 하늘과 불국토에서 내는 종소리를 듣는 모습을 그려볼 수 있겠다.

비천상의 신비로운 미소가 성덕대왕신종이 오랜 울림과 연결되는 현장에 섰다면 저절로 통일신라 왕조와 불교, 장인들의 정신에 고개를 숙였을 것이다. 독창적인 주조 기법과 청동 합금 비율로 제작된 성덕대왕신종의 울림이 오랜 시간 신라인의 귓전을 타고 흘렀을 것이다. 신비의 종소리여서였는지, 보통의 설명으로도 도대체 그 의미를 이해하지 않으려는 이들도 있지 않았을까 싶다.

이런 배경 속에 오랜 세월 전해진 야사가 바로 '에밀레종 전설'일 것이다. 성덕대왕신종을 에밀레종이라고 하는 별칭의 전설은 애절하다. 앞서 말한대로 불교적 가르침과는 거리가 있지만, 그만큼 간절한 마음을 담았다고 하겠다. 종을 제작한 장인은 종이 완성되지 않아 여러 차례 주조를 시도했지만 실패했다. 한 승려가 인신공양(人身供養)을 하면 종이 완성될 것이라는 이야기를 남겼다. 한 아이가 희생되었고, 녹아내린 청동 속에 아이의 몸이 스며들었다. 종이 제작된 뒤 첫 타종에서 종소리가 아이가 엄마를 애타게 찾는 소리처럼 들렸다고 한다. "에밀레, 에밀레……." 에밀레종이라는 별칭을 갖게 되고, 후세에 각색을 거듭해 이야기가 전해졌다고 한다. 하지만 사실은 아닐 것이다. 어느 시기 민간에서 만들어지고, 전승된 설화일 것이다. 불교국가 신라에서 범종을 제작하면서 인신공양이 허용됐을 리도 없고, 인신공양 내용을 담은 기록도 없다. 불교적 가르침 의미보다는 종소리의 신비로움에 의미를 부여한 사람들이 지어낸 설화일 것이다.

내 생각에 동의하는 분들이라면 다시 박물관을 찾아 우뚝 서 있는 성덕대왕신종을 찾아보자. 웅장한 크기와 중후한 기운이 새삼 느껴질 것이다. 전설이 만들어질 만큼 웅장한 종소리를 만들어낸 천년 왕조 신라의 불심과 장인들의 기술력에 고개를 끄덕이게 될 것이다. 후대 후손이 불심(佛心)과 예술혼이 살아서 조화를 이룬 현장을 찾는 기쁨도 웅장하다고 하겠다.

웅장한 기운을 느끼고, 성덕대왕신종에 다시 가까이 다가가 본다. 종신의 구름과 연꽃 문양이 오랜 세월을 거쳤으면서도 잃지 않고 있다. 흐릿한 금속의 광택마저 머금고 있다. 하늘을 나는 듯한 비천상의 우아한 표정은 바로 천년 넘게 존재하고자 했던 불국토 신라의 찬란한 이상을 담고 있는 것이기도 하다. 여기에서 멈추면 안 된다. 스스로 신라인이 되는 호기도 부려보자. 에밀레종에서 종소리가 은은하고, 웅장하게 퍼지면 불국사와 석굴암, 황룡사를 포함한 신라 도성 곳곳에서 스님들과 신도들이 합장하는 예를 갖췄을 것이다. 범종 소리에 번뇌와 깨달음의 시간을 오갔을 터다. 이어지는 종소리 울림과 스님의 합장에 신라인들은 번뇌를 씻어내고, 정화의 시간을 가졌을 것이다. 이러니 에밀레종의 종소리는 신라인에게 전설을 바탕삼아 기술력으로 제작된 범종의 소리라기보다는 마음을 정화하는 불교의 법음(法音)이었을 것이다.

그 가치를 알았으니 이제 성덕대왕신종 제작과 관련해서 역사로 전해지는 기록을 편안한 마음으로 되새겨보자. 성덕대왕신종을 만든 장인들은 1300년 전에 34년이라는 시간을 투자했다. 신종 제작에 경덕왕은 재료를 장인들에게 전폭적으로 공급했지만, 경덕왕은 신종의 제작을 지켜보지 못했다. 경주 곳곳에 절집이 넘쳐나고, 종들이 많았을 만큼 기술력이 비축됐을 터인데, 이리 오래 시간이 걸렸던 까닭은 무엇이었을까? 종신에 그 배경을 유추할 내용이 담겨 있다. 비천상 옆으로 깨알같은 글자 1037자가 있는데, 서문과 명문이 있다. 서문은 성덕대왕의 공덕과 종 제작의 목적을 담았으며, 명문은 종 자체 이야기를 풀어냈다. 글에는 천하를 울리는 소리를 만들기 위해 많은 종을 다시 녹이고, 거푸집을 내는 과정을 수십 년 반복했던 장인들의 불심이 드러나 있다. 종을 만든 이들은 박씨 일가 4명이었는데, 가문의 소명으로 신종을 만들었을 것이다. 그렇게 불심은 표현됐을 것이다.

08 화랑을 삼국통일에 혁한 공을 세운
7세기 신라의 MZ세대

신라는 불교의 가르침을 중요하게 여기는 왕조였으면, 화랑정신을 면면히 이어온 나라다. 경주에서는 불국토로서 신라는 물론, 화랑도의 정신이 이어지는 애국의 성지이기도 하다. 화랑의 흔적이 있는 공간을 찾아 두 발로 걸어보자.

화랑의 정신을 느낄 곳들은 경주 각지에 산재해 있다. 화랑들은 토함산, 남산 일대, 단석산 등을 잇는 여러 길에 심신을 수련했을 것이다. 이들이 단련하며 뛰어다닌 곳곳은 화랑길이라 불릴 만하다. 화랑정신을 느끼고 싶어서 경주 시민들에게 물어봤다. 내(월명 스님)가 경주 시민들에게 소개받은 지역은 남산, 토함산, 단석산, 화랑교육원 등지였다.

마애불과 탑이 즐비한 남산은 천년 왕국 신라의 성지다. 불국토의 성지이기도 했지만, 화랑의 심신 단련과 수행의 최적지였다. 삼릉계곡과 칠불암, 포석정 등을 오르내리며 화랑은 신라를 향한 간절한 뜻을 아로새기었을 것이다. 토함산은 화랑이 신앙심과 정신을 온전히 다질 공간이었다고 한다. 토함

[군유물매아산사음]

산에 자리한 석굴암과 불국사가 화랑의 몸과 마음을 품었을 것이니, 짐작이 간다. 화랑은 뛰고 걸으며 심신을 극대치로 끌어올렸을 산길을 체험하면서 21세기의 우리도 구도자적 마음가짐을 되새길 수 있다.

화랑의 지도자였던 원효대사가 수행했던 공간도 있다. 바로 단석산이다. 이곳을 화랑의 본산이라고 부르는 이유다. 단석산에는 원효굴, 신선사 마애불상군 등이 자리하고 있다. 화랑도의 수행정신이 자연스럽게 떠오른다. 화랑의 심신 수련을 체험할 공간도 마련돼 있다. 경주시 남산동에 위치한 화랑교육원은 화랑의 심신 수련을 현대적으로 해석해 체험이 가능하도록 조성된 공간이다.

화랑정신을 화랑길과 화랑의 역사가 남겨진 공간에서 느낄 준비가 돼 있다면 이제 신라의 대표적인 화랑은 누가 있었는지를 살펴보자. 그런 다음에 화랑도에 대해서 알아보자. 순서가 바뀐 듯하지만, 어떤 면에서는 이 방법이 경주를 대표하는 화랑도를 새롭게 이해하는 방식이 될 수 있다. 한국인치고 화랑에 대해서 들어보지 않은 사람이 없을 테니 말이다. 한국인이 얼마나 화랑을 좋아하는지는 말을 안 해도 될 정도다. 떠올리거나 비교하기가 그렇지만 화랑은 군사정권 시절엔 담배 이름에도 붙여졌고, 사관도생들이 심신을 연마하는 장소에도 붙여졌다. 축구 국가대표 1진도 화랑으로 언급됐다. 2진을 충무라고 했으니, 군사정부가 화랑제도를 얼마나 높이 평가했는지 알 만하다. 축구 국가대표 2진은 충무공 이순신 장군에서 그 칭호를 따왔을 듯한 충무였다.

신라시대 대표적인 화랑으로는 단연 김유신이 꼽힌다. 김유신은 삼국통일을 주도한 명장이다. 화랑이 따라야 했던 정신인 충효(忠孝), 무용(武勇), 신의(信義)를 누구보다 앞장서서 실천한 장군이었다. 김춘추를 도와 삼국통일의 토대를 만든 인물이다. 김유신에 필적할 화랑으로 사다함과 관창을 들 수 있다. 사다함은 어린 나이에 뛰어난 용기와 지략을 발휘한 화랑이다. 가야와 전투에서 공을 세우며 신라사의 한 페이지를 장식했다.

젊은 화랑의 정신으로 치자면 관창이 제격

이다. 관창은 백제 계백 장군과의 황산벌 싸움에 목숨을 바친 화랑이었다. 젊은 청춘들에게 애국심을 강조하는 문화가 강했던 시절 우리 역사는 관창을 아련하게 기억해 왔다. 김유신의 아들도 빼놓을 수 없다. 김원술은 아버지 김유신 장군과 함께 당나라군을 상대하며 신라의 자주성을 구현했다.

그렇다면 도대체 화랑도는 무엇이고, 우리 역사는 이를 어떻게 기억하고 있을까? 화랑은 통일신라의 유학자 최치원이 남긴 "우리나라에 현묘(玄妙)한 도가 있으니 '풍류(風流)'라 한다. 가르침의 근원에 대해서는 선사(仙史)에 자세히 밝혀져 있거니와, 실로 이는 유불선 삼교(三敎)를 포괄하여 뭇 백성들을 교화하는 것이다. 이를테면 집에 들어와서는 효를 행하고 밖에 나가서는 나라에 충성함은 노나라 사구(司寇, 공자)의 가르침이고, 억지로 하는 일을 하지 않고 말없는 가르침을 실천함은 주나라 주사(柱史, 노자)의 뜻이며, 모든 악행을 하지 않고 모든 선행을 하라 함은 축건태자(竺乾太子, 석가모니)의 교화이다."
[네이버 지식백과] 삼국사기, 난랑비서문(鸞郞碑序文)에서 격찬을 받았다.

화랑을 향한 극찬 중의 극찬이다. 화랑은 무예가 뛰어나거나 외모가 출충하거나, 충효정신이 남달랐다는 등의 평가를 뛰어넘는다. 높은 도덕적 이상과 수행, 자기 수양을 통해 신라의 지도자로 거듭났다는 의미를 담고 있다. 유학자 최치원이 유불선 삼교를 언급한 것은 화랑이 유교의 충효 정신, 불교의 자비와 지혜, 도교의 자연스러운 이치까지 아우르는 국가의 동량으로 평가받았다는 것을 뜻한다.

최치원은 또 "천하의 영웅들은 모두 화랑에서 배출되었다(天下英豪 皆入花郞之徒)"라고 했다. 간단히 말 하면 화랑을 천하 영웅의 집결체로 규정했다. 화랑을 신라의 정신적 가치와 실천적 덕목을 지니고, 나라를 위해 헌신하는 젊은 영웅을 양성하는 중심으로 평가한 것이다. 좀 더 들어가 보자. 화랑(花郞)의 뜻을 풀이하면 '꽃 같은 청년'이다. 외적 멋짐과 내적 덕성을 함께 갖춘 젊은이라는 이야기다. 유불선(儒佛仙)의 융합된 사상을 화랑 양성의 바탕으로 삼고, 충성(忠誠), 효도(孝道), 용기(勇氣), 우애(友愛) 등의 덕목을 배양했다. 개인적 수련과 사회적 책임감 고양을 동시에 중요하게

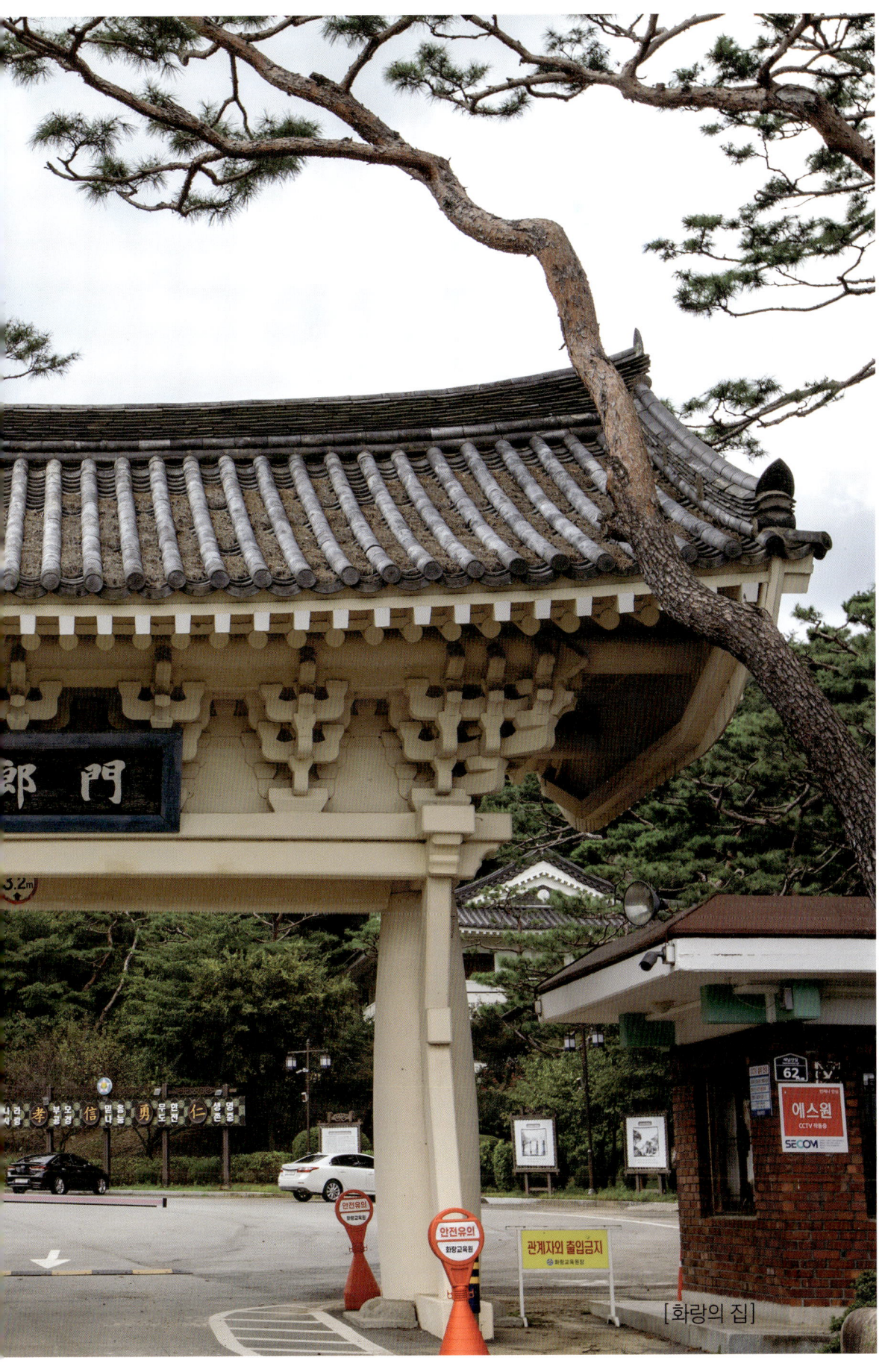

[화랑의 집]

여겼다. 화랑은 정신적, 윤리적 수양 거듭해 경주를 축으로 하는 신라의 지도자로 거듭났다고 할 수 있다. 일부 사학자는 '도덕적 이상주의'와 '실천적 영웅주의'가 조화를 이뤘기에 화랑을 토대로 신라가 삼국통일을 이룩할 수 있었다고 분석한다.

최치원의 화랑 규정에 대해서는 후대의 학자들도 다수 이를 인용하며 평가한다. 김부식의 '삼국사기', 일연 스님의 '삼국유사'에도 언급됐다. 특히 오늘날 전해지는 최치원의 난랑비서문은 '삼국유사'에 기록된 내용이다. '동경잡기(東京雜記)'를 포함한 고려와 조선의 여러 문헌에서도 최치원이 글이 인용됐다.

화랑도를 유학자 최치원이 높이 평가했지만, 신라시대 화랑들의 실질적인 연마와 수련엔 원효대사의 가르침이 지대했다. 익히 알려진 것처럼 화랑은 원효대사의 세속오계(世俗五戒)를 행동지침으로 삼았다. 사군이충(事君以忠)은 임금을 충성으로 섬긴다는 뜻이요, 사친이효(事親以孝) 부모를 효도로 섬긴다는 의미요, 교우이신(交友以信)은 친구를 믿음으로 사귄다는 것이다. 그런가 하면 임전무퇴(臨戰無退)는 전쟁에 임하여 물러서지 않는다는 뜻이고, 살생유택(殺生有擇)은 살생을 가려서 한다는 가르침을 담았다. 화랑도에 불교 고승의 가르침이 온전히 스며든 것이다. 신라의 삼국통일엔 이러한 가르침이 화랑도의 정신적 기반으로 작용한 점도 영향을 미쳤을 것이다.

화랑도를 이해했다면 여유롭게 화랑길을 거닐어보는 것은 어떨까. 화랑이 수련하고 연마했을 법한 길을 우리는 천년 실크로드 화랑길로 부를 수 있다. 화랑들이 수행하며 걸었던 길은 불법(佛法)을 전하고, 사람과 문화를 잇는 현장이었다. 수행과 교류, 신념과 평화가 공존했던 길 위에서 화랑들은 호연지기(浩然之氣)를 기르고 자비희사(慈悲喜捨)의 덕을 다졌다. 천년이 훨씬 지난 뒤에 다시 화랑들이 거닌 길에 서게 되면 우리는 그 시절 젊은 수행자들의 기운을 느끼게 된다. 길을 걷다 잠시 멈춰, 흘러온 천년을 마주해 보자. 이곳이 바로 수행의 공간이며, 깨달음의 길이다. 나를 찾는 여정이고, 국가 사회를 위하는 길이기도 하다.

자식들과 같이 길에 나선다면 신라 화랑과

21세기 MZ세대를 비교해 볼 수도 있다. 신분의 고하를 막론하고 자유롭게 교류했던 화랑처럼 21세기 MZ세대도 개성과 자유로운 사고로 성취를 일궈낼 집단이다. 화랑도가 강력한 공동체 의식을 기반으로 삼은 것처럼, MZ세대도 개인주의적 성향을 지녔으면서도 여러 소통 채널을 통해 사회적 연대감을 다지는 모습을 보이고 있다. 물론 화랑이 윤리적 절제를 강조하는 것과 달리 MZ세대는 자신이 달성하는 성과에 관심을 두고 있다.

21세기 우리는 화랑도에서 더 배워야 한다. 특히 기성세대는 화랑들처럼 자아성찰과 내적수양을 다지고, 사회적 책임감과 공동체에 헌신하는 모습을 보여야 한다. 어떤 어려움이 와도 두려워하지 않고, 목표를 위해 용감하게 도전했던 신라시대 화랑들처럼 우리도 변화와 불확실성이 상수가 된 시대인 21세기에 용기와 결단력을 다져야 한다.

09 경주의 두 한옥마을 양동과 교촌

나는 경주를 걸어본다. 이곳에서는 돌부처의 미소와 바람의 속삭임을 느끼게 된다. 불국사의 돌탑은 천 년의 바람을 견뎌왔다. 월지의 잔물결은 끊임없이 흔들리면서 무상의 깨달음을 준다. 내 눈은 작은 카메라 렌즈가 되기도 한다. 마음은 필름처럼 장면들을 저장한다.

내 마음의 렌즈는 두 오랜 마을을 향한다. 교촌 한옥마을과 양동 한옥마을이다. 두 곳은 같은 듯 다른 곳이다. 교촌은 도심의 숨결을 받아 활기차게 살아 숨 쉬고 있다. 양동은 설창산 자락의 침묵 속에 원형을 지키고 있다. 두 곳 모두 경주의 품에 있지만, 드러내 보이는 모습은 다르다. 불가의 표현으로 하자면, 다른 법문을 전하는 듯한 모습이다.

교촌 한옥마을은 시내 중심에 있다. 월정교와 첨성대, 계림 등 신라 천년의 유적지들에 둘러싸여 있다. 그래서인지 전통과 현재가 섞여 있는 공간의 장점을 교촌은 누리고 있다. 최 부자집으로 대표되는 고택이 남아 있다. 그 주변으로 체험관과 찻집, 작은 상점들이 있다. 도심과 가까운 지리적 이점 덕에 접근성이 좋아 보인다. 승복을 입고 마을에 들러보면 활기가 느껴진다. 그만큼 방문객이 많다.

승복을 입은 내 주위로 아이들이 여러 빛깔의 한복을 입고 걷고, 달린다. 연인처럼 보이는 청춘은 마음껏 사진을 찍기 위해 마음껏 자세를 잡는다. 찻집의 유리창 너머에서는 찻잔이 보인다. 향긋한 냄새가 마을 전체에 퍼져 있다는 착각을 하게 된다. 최부자집의 오랜 담장은 세월을 지키며 오랜 인정을 전해준다. 담장 주변으로 사람들의 웃음이 겹쳐진다.

우리는 그 장면 속에서 나눔의 정신을 되새기게 된다. 불경 읽는 소리처럼 맑고 고운 정신을 깨닫게 된다. 최부자집은 대대로 부를 독점하지 않았다. 함께 나누며 공동체를 지탱했다. 그 정신이 상업적 활기와 관광 체험이라는 모습으로 전해진 것이다. 겉모습은 달라졌지만, 맑고 배려깊은 정신은 이어진 것이다. '함께하는 삶'에 합장을 하게 된다.

동시에 내 시선은 닫힌 대문 앞에 머문다. 안타까운 마음도 있기 때문이다. 들어갈 수 없는 집, 비어 있는 방, 텅 빈 공간에서 느끼는 감성이다. 어떤 외국인 여행자는 '트립어드바이저 리뷰'(TripAdvisor Review) 블로그에 이런 말을 남겼다.

"집 대부분은 사람이 살고 있었고, 들어갈 수 있는 집은 내부가 거의 비어 있었다. 결국 외관만 보는 데 그쳤다."

외국인 여행자의 말처럼 교촌의 집들은 때로는 사람이 거주하지 않고, 외관만 남은 경우도 많다. 나는 이런 모습에서 '공(空)'을 배운다. 비어 있음은 허무가 아니다. 새로운 의미를 품을 수 있는 여유이고, 가능성이다. 텅 빈 방은 우리에게 다시 생각할 시간을 주고, 돌아볼 여유를 준다. 우리의 마음을 비추는 거울이 된다.

양동마을은 교촌과는 지리적 위치가 다르다. 교촌과는 달리 경주 외곽, 설창산의 품 안에 자리한다. 시내에서 북쪽으로 약 16 킬로미터 떨어져 있다. 산과 들을 배경으로 한다. 경주시내를 생각하지 않는다면 어느

[교촌 후원]

시골 마을이라고 해도 진배없다. 그만큼 고즈넉한 전통마을이다.

이곳엔 160여 채의 고택과 초가가 있다. 이들 집들 중 54채는 지어진 지 200년을 넘어섰다고 한다. 언덕 위에는 양반가의 기와집이, 아래쪽 들판에는 평민의 초가가 자리잡았다고 한다. 기와집과 초가의 배치 자체가 신분 질서를 보여주는 풍경이다. 오늘의 우리도 느낄 수 있는 오랜 삶의 무늬다.

기와집과 초가를 본 뒤, 눈을 감았다가 떠본다. 그리고 사부대중의 눈으로 생각해 본다. 세속의 위계와 구분이 오랜 세월 동안 돌과 흙에 새겨져 전해진다. 다시 눈을 감았다가 떠본다. 내 생각의 파편을 끄집어내 본다. 불교의 연기(緣起)로 보면 높고 낮음은 본래 고정된 것이 아니다. 높고 낮음은 인연 따라 흘러가는 것일 뿐이다.

고택 마루에 앉아 눈을 다시 감아본다. 낡은 기둥의 나뭇결이 마음의 렌즈에 클로즈

[양동 마을]

업 된다. 바람 흔드는 대숲 그림자가 그 위를 덮는다. 풀벌레 소리가 겹쳐진다. 고요의 시간이 흘러간다. 수행의 길도 이와 같다. 수행은 순산의 화려한 성취가 아니다. 매일매일 들숨과 날숨을 지켜보는 꾸준함이다. 그 평범한 반복이 곧 깨달음으로 향하는 길이다.

양동마을은 관광지로서의 체험거리는 많지 않다. 큰길도 없고, 문을 닫은 집도 많기 때문이다. 주민들이 거주하고 있다는 것은 바로 18세기 이후 이곳을 지켜온 가장 강력한 흔적이고, 의미이다.

관광객 입장에서는 아쉬울 수 있다. 하지만 불자인 나의 생각은 다르다. 불편함은 오히려 수행의 길과 닮았다. 길이 분명하지 않다는 것은 스스로 길을 찾아야 한다는 뜻이다. 닫힌 문은 기다림을 가르친다. 기다림은 곧 수행이다.

이야기가 나왔으니 외국인들이 바라보는 양동마을과 교촌마을은 어떠한 모습일까 살펴보고 싶어진다. 인터넷에서 여행기들을 살펴봤더니 일본인 여행자의 눈에 비친 두 마을의 인상이 흥미롭다. 이 일본인 여행자는 양동마을을 두고 "고요하고 천천히 흐르는 마을"(静かで時間がゆっくり流れる村)이라고 표현했다. 고요하고 천천히 흐르는 양동마을의 모습은 침묵으로도 읽혀진다. 참선의 정적과 경주에 대해 이해하고 싶은 마음이 자연스럽게 들 정도다.

여행기를 찾는 김에 교촌마을에 대한 것도 살펴보았다. 교촌마을에 대해서는 중국인 여행자의 글이 눈에 들어왔다. 한 중국인 여행자는 "고택이 음식점과 가게로 바뀌고, 방문객은 떡 만들기 체험을 할 수 있다"(古宅多已改成小食店及特色商店, 游客可以体验制作年糕)고 교촌마을에 대해 평가를 했다. 교촌의 활기를 '체험과 소비의 공간'으로 해석한 것이다. 전통이 지금 여기의 삶 속에서 다시 태어난다고 이해한 것으로 볼 수 있다.

어느 영어권 여행자는 양동마을을 "방문한 마을들 중에서 가장 매력적인 전통마을"(one of the most charming traditional villages we visited in Korea)이라고 평가했다.

외국인들은 서로 다른 언어로 여러 느낌을 전했지만, 감동의 시선은 강했다. 나의 느낌과 다르지 않다. 양동마을이 고요와 원형의 보존으로 읽힌다면, 교촌마을은 활기와 체험의 현장으로 인식된다. 교촌의 활기와 양동의 고요는 서로 다른 듯 보이지만, 결국은 하나의 진리로 이어진다. 불교에서 음과 양, 움직임과 고요가 서로를 완성하듯 말이다. 교촌은 오늘의 사람들에게 전통을 '즐기게' 하고, 양동은 우리로 하여금 전통을 '묵상하게' 한다.

내 눈의 프레임 속에서 두 장면이 나란히 놓인다. 왼쪽에는 북적이는 교촌의 골목, 오른쪽에는 고요한 양동의 마루. 서서히 두 화면은 합쳐져 하나의 풍경이 된다. 웃음과 침묵, 체험과 보존, 활기와 고요. 다른 듯 보이지만 결국 하나다.

월명사로 돌아오는 길, 나는 마음속에 이렇게 새겼다. 교촌은 나에게 "전통은 웃음 속에서 다시 태어난다"는 것을 보여 주었고, 양동은 "전통은 고요 속에서 오래 살아남는다"는 것을 알려 주었다.

부처님께서 말씀하신 무상(無常)은 변화를 두려워하지 말라는 뜻이다. 교촌의 변화와 양동의 보존은 서로 달라 보이지만, 둘 다 진리의 한 부분이다. 중요한 것은 그 속에서 우리가 무엇을 배우고, 어떻게 살아가느냐 하는 것이다.

내 눈과 마음은 오늘도 카메라가 되어 이 길을 기록한다. 그러나 이 기록은 단순한 영상이 아니라, 수행자의 마음 안에 새겨진 법문이다. 활기와 고요, 웃음과 침묵이 결국 하나로 흐르는 길. 그것이 경주의 두 한옥마을이 내게 전해 준 마음의 가르침이었다.

경
주
의

혼

자연의 혼

01 신라의 천년고도 경주를 잉태한 형산강

남한에서 동해로 흘러드는 강 중에서 가장 크고 유역도 가장 넓은 강이 형산강이다.

오랫동안 형산강은 울산광역시 울주군 두서면에서 발원한다고 알려져 있었다. 두서면 내와리 백운산에서 발원해 경주시와 포항시를 지나 동해의 영일만으로 흘러든다고 여겼다.

언제부턴가 경주시 서면 도리에 산부리를 내린 인내산이 형산강 제1 발원지라고 알려지기 시작했다. 지난 2000년 건설교통부가 '한국하천일람'을 통해 형산강 발원지를 인내산 동쪽 계곡으로 공인했다.

크지도 않고, 지류도 많지 않은 형산강은 유역에 비옥한 평야를 발달시켰다. 경주시와 영일만 사이의 형산강 유역 일대에 형성된 충적평야는 동해안 일대에서 중요한 농업지역을 이룬다.

전해오는 바에 따르면, '형산(兄山)'이라는 강의 이름은 경주시와 포항시의 접경에서 '제산(弟山)'과 마주하고 있는 '형산(兄山)'에서 유래했다고 한다. 신라 때는 다른 이름으로 불렸다는 얘기도 있다.

예나 지금이나 변함없이 경주시와 포항시의 젖줄 역할을 수행하는 형산강은 신라의

천년고도 경주시를 잉태한 강이다. 신라의
찬란한 문화를 낳았고, 삼국통일의 위업도
지켜보았다. 그렇게 천년을 흐르고 있다.

02 '불국정토 꿈꾸던 신라인의 영산&진산' 토함산

경주의 동쪽을 둘러싼 토함산(吐含山), 높이는 745m. 경주에서 두 번째 높은 산이다.

토함산의 다른 이름은 '동악(東嶽)'. '신라오악(新羅 五嶽)' 중 동쪽의 산악으로 신라인들은 토함산을 영산이자 진산으로 신성하게 여겼다. 신라인들의 얼을 안고 있는 영산이자 왜구의 침범을 막아준다는 호국의 진산이었다.

기슭은 신라의 거찰인 불국사와 석굴암을 품고 있다. 우리나라 불교문화를 대표하는 불국사와 석굴암이 있어 불교의 성지로 통한다. 불국정토를 꿈꾸던 신라인들의 호국불교 성지였다.

토함산은 동해에서 가깝다. 당연히 산에 안개가 자주 낀다. 바다 쪽에서 밀려오는 안개를 산이 들이마시고 토해 내는 듯한 모습에서 '토함산'이라 지명을 갖게 되었다는 얘기도 있다.

그런가하면 신라의 4대 임금인 석탈해왕과 관련된 지명 유래도 있는데, 석탈해왕의 이름인 '토해(吐解)'가 '토함'으로 바뀌었다는 주장도 있다.

토함산 정상 부근엔 탈해왕의 사당이 있

다. 사후 화장된 탈해왕의 뼈는 대궐 안에 모셔졌다가 토함산으로 옮겨졌다. 그 후 탈해왕은 토함산 즉, '동악(東嶽)'의 수호신이 되었다고 전해온다.

한편, 토함산 정상 부근엔 화산 분출의 흔적이 있다. 화산으로 인해 불을 품은 적 있어 토함산이 되었다는 지명 유래도 있다.

경주엔 여러 명산이 있다. 단석산, 소금강산, 토함산 등이 경주의 오악으로 꼽힌다. 그렇기는 하나 경주에서 으뜸으로 꼽히는 산은 토함산이다. 다른 산들도 남다른 정기를 품고 있겠지만 토함산의 정기를 따르지 못한다.

신라인들에게 어머니와도 같은 산이었던 토함산, 어쩌면 오늘날 경주시민에게도 그 위상은 변함없으리라.

03 신라 시조 박혁거세 탄강 전설 깃든 우물 나정

기원전 69년에 태어난 박혁거세(朴赫居世). 성은 '박(朴)'이고, 이름이 '혁거세(赫居世)'다. 신라를 세운 박혁거세는 61년 동안 나라를 다스린 뒤, 서기 4년 이승을 떠났다.

신라의 제1대 왕인 박혁거세는 사로국을 세워 국가의 기틀을 마련했다. 기원전 37년, 경주에 금성을 쌓고 궁실을 지었다.

왕의 칭호는 거서간, 왕비는 알영(閼英), 슬하에 남해차차웅, 아로 등의 자녀를 두었다.

김부식의 '삼국사기'와 일연의 '삼국유사'에 박혁거세 출생에 관해 설화가 전해진다. 그런데 이 설화는 오늘날에 이르기까지 여러 논란을 낳았다. 한 나라 시조의 탄생을 다룬 설화이기에 신비로운 대목도 있고, 괴이한 내용이 삽입될 수 있다는 점은 충분히 이해할 수 있으리라.

아무튼 '삼국사기'와 '삼국유사'에 근거해 이 설화의 골갱이를 '두산백과'를 참조해 새롭게 정리해 본다.

삼한(三韓). 삼국시대 이전에, 한반도 중남부에 있었던 세 나라. 마한, 진한, 변한을 이른다. 여러 개의 작은 들로 구성됐고, 제정이 분리된 사회였다. 천군이 다스리는 '소도'라는 특별 구역이 있었다. 농업이 발달했는데 변한은 특히 철이 많이 생산되었다.

삼한 가운데 경상북도를 중심으로 한 동북부 지역에 있던 나라가 진한이다. 12개의 작은 나라로 구성됐다. 4세기 중엽 진한 12국 가운데 하나인 '사로(斯盧)'에 의해 망해서 신라에 병합됐다.

그런 진한 땅엔 고조선 유민들도 있었다. 이들은 산골 사이에 흩어져 살면서 여섯 개 마을을 이루었다. 이를 진한의 6부라 칭한다.

기원전 69년, 6부 촌장들이 '알천(閼川)'에 모여 덕 있는 사람을 찾아 임금을 삼아 나라를 세울 것을 의논했다. 그러던 중 6부 촌장들이 높은 곳에 올라가 남쪽을 바라보니 양산 기슭의 '나정(蘿井)' 부근에서 기이한 기운이 감돌았다. 백마가 꿇어앉아 절을 하는 형상을 발견했다.

6부 촌장들이 그곳에 가니 자주색 알이 놓여 있었다. 그 알을 깨자 용모가 단정하고 아름다운 사내아이가 나왔다. 그 아이를 냇

[나정]

가에서 목욕을 시키자 몸에서 광채가 났다. 천지가 진동하고 해와 달이 청명해졌다.

이렇게 태어난 아이의 이름을 6부 촌장들은 '혁거세(赫居世)'라고 지었다. '밝은 빛으로 세상을 다스린다'는 의미로 '불구내(弗矩內)'라고도 불렀다.

6부 촌장들이 껍질을 깬 알의 모양이 박과 비슷했다. 둥근 호박 모양으로 밭이나 인가의 담과 지붕에 재배하는 그런 박과 닮아서 혁거세의 성을 '박(朴)'이라 했다.

'두산백과'는 삼국사기와 삼국유사의 박혁거세 탄생 설화가 조금 다르다고 설명한다. 위 개요는 '삼국유사'에 근거한 것이고, '삼국사기'의 개요는 조금 다른데, 고허촌의 촌장 '소벌공(蘇伐公)'이 알을 발견했다는 것. 소벌공이 양산의 기슭을 바라보니 나정 옆의 숲에서 말 한 마리가 꿇어앉아 울고 있었다. 소벌공이 그 숲에 가자 말은 홀연히 사라지고 그 자리에 없었다. 다만 그 자리엔 큼직한 알 한 개가 놓여 있었다. 이 알에서 박혁거세가 나왔다. 소벌공은 박혁거세를 거두어 길렀다. 6부 사람들이 그의 출생을 기이하게 여겨 높이 받들었다. 이런 개요를 '삼국사기'는 오늘에 전했다.

어쨌거나 '삼국사기'와 '삼국유사'에 근거하자면, 박혁거세는 13세 때인 기원전 57년 6부 촌장들의 추대를 받아 나라를 세우고 왕위에 올랐다. 그 나라가 고구려와 백제를 병합해서 삼국을 통일한 '신라(新羅)'다.

경주 탑동에 있는 나정. 박혁거세 탄강 전설이 깃든 우물이다. 이곳에 신라 시조 박혁거세왕의 유허비가 있었다.

04 '화랑들의 수련장' 단석산

단석산은 신라 천년의 역사를 품고 있는 경주에서 가장 높은 산이다. 경주 건천읍과 산내면에 걸쳐 있는 단석산의 높이는 827m. 신라시대 화랑들이 수련했던 산으로 알려져 있다.

단석산의 산 이름은 삼국통일의 일등 공신 김유신과 관련이 있다. 15세에 화랑이 된 김유신은 서라벌 서쪽의 담장 구실을 하던 단석산에서 수련하던 중 한 노인으로부터 신비로운 검을 얻었다. 그 신검으로 석굴 안에서 검술을 연마했다. 어느 날 석굴 밖 바위를 내리치니 바위가 두 조각으로 깨졌다. 이렇게 '단석산(斷石山)'이라는 지명이 탄생했다고 전해온다.

단석산 중턱엔 김유신이 삼국통일을 염원하며 기도를 올렸다는 사찰이 있다. 신선사(神仙寺)다.

사찰의 이름이 신선사로 밝혀진 것은 1969년이다. 한국일보사가 주관한 신라오악조사단이 바위에 새겨진 명문을 분석해 석굴의 본래 이름을 밝혔다.

석굴 바위에 얽힌 전설도 전해온다. 옛날 절 아래에 살던 한 젊은이가 석굴 바위에서 바둑을 두고 있었다. 노인들이 두는 바둑을 구경하고 집에 돌아와 보니 젊은이의 아내는 백발의 노파가 되어 있었다. 젊은이가 노인들이 두는 바둑을 구경한 것은 단 하루도 지나지 않았는데, 그 사이 세월이 50년 흘렀다는 것. 이런 전설이 있어 석굴 바위에 세워진 절 이름을 신선사라 불렸을 것이라는 추정도 있다.

　신선사 석굴은 3면으로 갈라진 바위로 둘러싸여 있다. 안쪽 벽엔 불상과 보살상이 조각돼 있다. '단석산신선사마애불상군'이라는 명칭을 갖고 있다. 우리나라 석굴사원의 시원적 형식을 보여주는 점에서 의의가 클 뿐만 아니라 당시 신앙의 흐름을 이해하는 데에도 중요한 자료가 된다. 1979년 국보 제199호로 지정됐다.

[단석산 마애불상군]

05 신라 김씨 왕가의 시조 김알지 탄생지 '계림'

김알지(金閼智)는 경주김씨의 시조다. 서기 65년 탄생했다.

65년 어느 날 밤, 신라의 제4대 왕인 탈해왕이 금성(金城) 서쪽 시림(始林)의 숲속에서 닭 울음소리를 듣게 된다. 금성은 신라 시조 혁거세왕 21년에 경주에 쌓았던 토성(土城)이다.

탈해왕은 신하에게 숲속 닭 울음소리가 나는 곳으로 가보라고 명령을 내렸다. 신하가 그곳에 가보니, 금빛함이 나뭇가지에 걸려 있었다. 그 아래에서 흰 털을 가진 닭이 울고 있었다. 신하가 이런 상황을 탈해왕에게 보고 했다.

탈해왕이 그곳을 갔다. 신하가 보고 한 대로 상황이 펼쳐져 있었다. 탈해왕은 나뭇가지에 걸려 있는 금빛함을 열었다. 함안에는 사내아이가 들어 있었다.

이때부터 시림은 '계림(鷄林)'이라는 지명을 얻게 되었다. 금빛함, 즉 금궤(金櫃)에서 태어난 아이를 성을 '김씨'라 칭했다.

김알지의 이름인 '알지(閼智)'라는 단어에 대한 해석은 여러 가지 설이 내려온다. '삼국유사'는 '알지'는 '어린아이'라고 해석했지만 삼국시대에도 그런 뜻으로 쓰였지는 알 수 없다. 이밖에도 여러 해석이 오늘에 전한다.

경주 교동 반월성 옛터를 따라가노라면 느티나무가 우거진 작은 숲이 나온다. 이곳이 계림이다.

신라에서 탄생한 3대 성씨는 박 씨, 석 씨, 김 씨다. 박 씨의 시조는 신라를 세운 박혁거세 즉, 혁거세왕이다. 석 씨의 시조는 석탈해, 즉 신라의 4대 왕인 탈해왕이다. 김 씨의 시조는 김알지다.

계림에서 태어난 김 씨의 시조 김알지는 신라 김 씨 왕가의 시조다. 신라 제13대 왕위에 오른 미추왕을 필두로 김알지의 후손들이 신라의 왕좌를 이어갔다.

탈해왕 시대에 김알지가 태어날 때 흰 닭이 울어 특별한 이름을 얻게 된 계림. 신라 천년왕도의 혼이 살아 숨 쉬는 숲이다.

06 '아사달과 아사녀의 사랑 이야기' 깃든 영지

경주 외동읍 괘릉리엔 '영지(影池)'라는 연못이 있다. 경덕왕 10년인 751년, 김대성이 불국사를 지을 때 신라로 온 옛 백제지역의 석공 아사달과 그의 아내 아사녀의 슬픈 전설이 어린 곳이다.

아사달은 불국사 다보탑을 완성한 다음 석가탑을 제작에 들어갔다.

그러던 어느 날, 아사녀가 남편 아사달을 만나려고 서라벌을 찾아왔다. 석가탑 제작에 여념이 없는 아사달의 품에 안기려고 나서는데, 불국사 주지 스님이 아사녀의 걸음을 붙들었다. 석가탑이 완성될 때까지 기다려 달라는 것이었다. 아사녀는 주지의 부탁을 받아들였다. 주지 스님은 그런 부탁을 하며 "완성된 탑의 그림자가 연못에 비칠 것이니 연못가에서 기다려 달라"고 말했다.

가까운 발치에 남편 아사달이 있는데, 그를 만나지 못하는 아사녀는 애가 탔다. 그런 중인데 연못 속에 완성된 탑의 그림자가 드리워졌다. 아사녀는 연못 속으로 뛰어들었다. 그런데 그 탑의 그림자는 실제가 아닌 환상이었다.

시간이 흘러 아사달은 석가탑을 완성했

다. 아내 아사녀가 오래 전에 찾아와서 탑이 완성되기만 기다리고 있다는 소식을 듣고 연못 쪽으로 달려갔다.

그런데 아사녀가 연못에 비친 탑의 환상을 보고 뛰어 들어 죽었다는 얘기를 듣게 된다. 아사달은 아사녀를 부르며 연못으로 뛰어 들었다. 아사달 역시 아사녀처럼 그 연못에서 익사했다.

그 뒤 연못의 이름이 정해졌다. 아사녀가 아사달을 기다릴 때 탑의 그림자가 드리워졌다고 해서 이름이 '영지(影池)'라 붙었다. '그림자 연못'이라는 뜻이다.

불국사의 다보탑은 '유영탑(有影塔)'이라 부른다. 그 그림자가 비추었다는 뜻이 담겼다. 그림자를 비추지 않은 석가탑은 '무영탑(無影塔)'이라 부른다.

아사달과 아사녀의 사랑이 깃든 연못가 소나무숲엔 두 사람의 명복을 빌기 위해 '영사(影寺)'라는 절이 세워졌다. 영사의 영지석불좌상(影池石佛座象)은 지금도 남아 있다.

아사달과 아사녀는 평범한 부부였다. 오랜 세월 남편과 떨어져 있던 아사녀가 서라벌로 달려간 것은 남편 아사달에 대한 그리움 때문이었다.

석공 아사달이 남긴 다보탑과 석가탑은 위대한 작품이다. 그 탑을 제작하는 과정이 그리 쉬운 일은 아니었을 것이다. 작업 시간도 꽤 길었을 것이다.

지척에 남편이 있는데, 여러 달 남편의 얼굴도 보지 못한 아사녀의 애간장은 녹고 녹았을 것이다. 그러다 연못에 비친 탑의 환상을 보게 되었을 텐데, 그 사랑의 끝은 비극이 되고 말았다.

[영지]

역
사
의

혼

01 '신라 석 씨 왕조의 시조' 석탈해

한반도의 동남쪽인 경주 지역에 터를 잡은 신라는 삼국 중에서 발전이 가장 늦었던 나라다. 그런데도 신라는 고구려와 백제를 물리치고 삼국을 통일하는 위업을 달성했다.

여섯 명의 촌장들이 여섯 마을을 각각 다스리던 사로국. 사로국 촌장들이 알에서 태어난 박혁거세를 왕으로 추대한 뒤, 석탈해와 김알지도 사로국에 들어왔다. 이들 박 씨, 석 씨, 김 씨는 신라를 지배하는 세력이었다. 이들 신라 3대 성씨는 번갈아 가면서 왕을 배출하며 연맹왕국을 이끌었는데, 3대 성씨가 신라에서 차지했던 힘은 엇비슷했다.

신라 석 씨 왕조의 시조인 석탈해. 신라 제4대 임금이다.

'삼국사기'와 '삼국유사'에 따르면, 남해왕 때 아진포에 박혁거세왕에게 해산물을 바치던 아진의선(阿珍義先)이라는 노파가 살고 있었다. 어느 날 문득 바다에서 까치들이 떼를 지어 날며 우짖고 있음을 보았다. 이상히 여긴 노파가 살펴보았더니 거기에 배 한 척이 있었고 배 안에 큰 궤짝이 있었다.

궤짝을 열어보니, 그 속에 단정하게 생

긴 한 사내아이와 그 밖에 여러 보물, 노비들이 들어 있었다. 그 사내아이를 7일 동안 보살펴 주자, 스스로 입을 열어 말했다.

"나는 본디 용성국(龍城國)사람이다. 그 나라의 왕비에게서 알로 태어났으므로 버림을 받아 이곳에 닿았다"

그 아이는 말을 마치자 지팡이를 끌고 두 사람의 종과 더불어 토함산에 올라가 거기다 돌무덤을 파고 7일 동안 머물렀다. 그런 뒤에 산을 내려와 성 안을 살펴 살 만한 곳을 물색하던 중 호공(瓠公)의 집에 다다랐다.

그는 호공의 집 곁에 남몰래 숫돌과 숯을 묻고서, 이튿날 아침 관가에다 그 집은 자신의 조상이 대대로 살았던 집이었는데 자신이 잠시 집을 비운 사이 호공이 들어와 차지한 것이라고 송사를 제기하였다.

그는 숫돌과 숯을 증거물로 제시하여 그 집을 차지하게 되고 그 소문이 나자 남해왕은 이 사람(탈해)이 슬기로운 사람이라고 생각하여 그를 맏공주의 배필이 되게 하였다.

'삼국사기'와 '삼국유사'가 전하는 석탈해에 관한 신화다. 용왕이 다스리는 용성국의 왕비가 임신한 지 7년 만에 둥근 알을 낳았다. 왕비가 사람이 아닌 알을 낳자 용성국의 왕이 불길한 징조라며 내다 버리게 했다. 왕비는 자신이 낳은 알을 보물과 함께 궤짝에 담아 바다에 몰래 띄운 것인데, 그 궤짝이 경주시 양남면 나아리에 있는 아진포에 떠밀려온 것이다. 그 시기는 남해왕 때라고 하는데, 남해왕은 신라 제2대 국왕으로 박혁거세왕과 알영부인의 적자다.

알에서 나온 석탈해는 지혜롭고 유능한 청년으로 자랐다. 남해왕은 석탈해를 사위로 삼았다. 이후 신라 제4대 왕에 올랐다.

석탈해가 왕위에 오르면서, 박혁거세 집안의 박 씨와 석 씨가 연맹함으로써 왕실 세력의 폭이 넓어졌다. 석탈해는 '시림'을 '계림'이라 고치고 그것을 국호로 삼았다. 석탈해를 포함한 신라의 석 씨 왕은 모두 8명, 신라 56명의 왕 가운데 15%였다.

02 국호를 '신라'로 정한 지증왕

신라 초기 왕의 호칭은 여러 가지였다. '거서간', '차차웅', '이사금', '마립간'. '거서간'은 '우두머리'라는 뜻이고, '차차웅'은 '무당'이라는 뜻이다. '이사금'은 '이가 많은 사람'이라는 뜻이고, '마립간'은 '큰 우두머리'라는 뜻이다. 이런 호칭은 지증왕 이전까지 쓰였다.

지증왕은 신라 제22대 왕이다. 재위 기간은 500~514년. '지증마립간(智證麻立干)'이라고도 불린다.

503년 지증왕은 그동안 '사라(斯羅)', '사로(斯盧)', '신라(新羅)' 등으로 사용되던 나라의 이름을 신라로 확정했다. 왕호도를 방언인 마립간에서 중국식인 왕으로 바꾸었다.

지증왕에 이르러 비로소 신라는 제대로 된 국가의 틀을 갖추게 되었다. 고대 국가의 낡은 체제를 시대에 맞게 정비했고, 왕권과 지배조직의 힘을 강화시켰다.

'삼국사기'에 따르면, 지증왕은 체격이 크고 담력도 뛰어났다고 한다. 그는 500년 소지마립간이 아들이 없이 죽자 그의 뒤를 이어 왕위에 올랐다. 당시 그의 나이가 64세였다.

지증왕 때, 순장(殉葬)을 금지하는 명령을 내려졌다. '삼국사기'는 지증왕 때부터 소를 이용하는 우경(牛耕)이 시작되었다고 기록해 놓았다.

지증왕의 맏아들이 법흥왕이다. 제23대 법흥왕은 왕권 국가로서의 신라를 정립했다.

03 신라의 충신·명장 배출한 화랑도(花郞徒)

신라의 삼국통일에 크게 기여한 화랑은 신라 청소년들의 수련 단체다. 신라가 인재를 선발할 목적으로 만든 집단이다. 단체의 정신이 매우 강했다.

신라는 귀족의 자제 중에서 인재를 뽑아 심신 수련을 수련시키고 학문 닦도록 했다. 이 화랑에서 훌륭한 장군과 충신들이 대거 배출됐다. 화랑은 골품제 사회에서 발생하는 여러 계층간의 긴장과 갈등을 조절하고 완화하는 데도 이바지했다.

'화랑(花郞)', '꽃처럼 아름다운 남성'이라는 뜻이다. 다른 이름으로는 '화판(花判)', '선랑(仙郞)', '국선(國仙)', '풍월주(風月主)' 등으로 불렸다.

교육, 군사, 사교 등의 기능을 가졌던 이 단체의 우두머리는 화랑이었다. 화랑과 화랑을 따르는 다수의 낭도로 구성되었다. 신라 역사상 화랑은 총 2백여 명이었다. 화랑은 몇 명의 화랑이 이끌곤 했다. 그런데 몇 명의 화랑을 따르는 낭도는 많게는 수천 명에 이르렀다.

오늘날에도 국가, 사회, 지역 등 각각의 공동체에서는 청소년들의 교육이 절실했다. 삼국시대 이전의 사회나 국가에서도 그랬다. 사회나 국가의 지도자들은 소속된 공동체의 발전된 미래를 열기 위해서 청소년 교육도 중요하게 여겼는데, 한쪽에서는 청소년들이 스스로 뭉쳐서 미래를 심신을 연마하며 설계하기도 했다.

고문헌에 따르면, 삼국시대의 마을 청소년들은 그들의 고유한 집회소를 가지고 있었다. 청소년들은 심신의 수련 과정에 따르는 어려움과 고통을 기꺼이 견뎠다.

청소년들은 비밀적인 결사 조직을 만들기도 했다. 수련생활을 하면서 일정한 나이에 이르면 성년 의식도 치렀다. 이런 현상은 단지 우리나라 청소년들만의 독특한 문화가 아니었다. 인류 역사상 전 세계에서 일어나는 보편적인 현상이었다.

이러한 관점에서 살펴보면, 꼭 화랑도의 뿌리를 찾아야 할 것이다. 국가가 필요로 해서 청소년들을 모아 무사도와 풍류를 가르쳤겠지만 그 뿌리는 인류가 역사 속에서 보여준 독특한 청소년 문화에서 기원했다고 보는 것이 옳지 않을까 한다.

'삼국유사' 등 옛 기록은 화랑이 진흥왕 때 만든 조직이라고 전한다. 화랑의 기원은 '원화(源花)'이고, 원화는 여성 우두머리였다는데, 원화는 여러 낭도(郎徒)를 거느렸다는 것.

 그런데 여성 조직인 원화의 지도자들이 시기하고 질투하며 다툼을 많이 했던 모양이다. 그래서 진흥왕이 여성이 우두머리인 원화를 폐지하고, 남성을 우두머리로 한 화랑을 창설했다고 전해온다.

 그 시점은 진흥왕 37년(576년)이라고 알려져 있다. 그런데 이 기록이 정확하지 않다는 주장이 제기돼 왔다. 진흥왕이 화랑을 창설하지 않았고, 법흥왕 때 화랑의 틀이 만들어졌다는 주장도 있다.

 통일신라 때의 학자 김대문이 화랑들의 행적을 모아 엮은 전기를 펴냈다. '화랑세기'다. '삼국사기'에 한 구절 인용 대목이 있을 뿐 현존하지 않는다.

 김대문 '화랑세기'엔 이런 구절이 있다고 알려져 있다.

 '어진 보필자와 충신은 이로부터 나왔고, 훌륭한 장수와 용감한 병졸은 이로부터 생겼다'

 신라 화랑도가 어떤 기능과 역할을 했는지 단적으로 보여준다. 실제로 신라의 훌륭한 신하와 장수가 많이 나왔다.

대표적인 신하로는 김유신의 동생 김흠순이 있다. 삼국통일을 이루는 전쟁에도 참여했고, 문무왕 때 총재(冢宰)라를 직위에 올랐다.

대표적인 장수로는 사다한, 김유신, 김흠순의 아들 반굴, 김품일의 아들 관창, 김유신의 아들 원술 등이다. 반굴과 관창 등은 임전무퇴 정신으로 물러서지 않고 싸우다가 전사한 인물로 유명하다.

화랑도의 계율은 '세속오계'다. 원광법사가 지었다고 전해온다. 이 세속오계를 통해 화랑도에 들어 있는 유교·불교·도교의 사상을 엿볼 수 있다.

04 삼국통일의 주역 김유신

'두산백과'에 따르면, 김유신(金庾信)은 '신라의 장군으로 삼국통일에 공을 세운 인물'이다.

본관이 김해(金海)인 김유신은 만노군, 지금의 충북 진천에서 태어났다. 금관가야의 시조인 수로왕의 12대손, 금관가야 마지막 왕인 구해왕의 증손이다.

가야에서 태어나 신라 삼국통일을 이룬 역사적인 인물이 바로 김유신인데, '삼국유사'는 김유신이 해, 달, 화성, 수성, 목성, 금성, 토성 등 일곱 별의 정기를 타고 태어나 등에 칠성(七星)의 무늬가 있었다고 기록했다.

'삼국사기'에 따르면, 김유신은 15세 때인 609년(진평왕 31년)에 화랑이 되어 낭도를 이끌었다. 김유신이 이끌던 무리를 '용화향도(龍華香徒)'라고 불렀다.

17세 때, 지금의 경주 단석산 등지에 홀로 들어가 수련했다. 외적을 평정할 뜻을 품고 홀로 단석산의 석굴에서 수련하던 중 난승(難勝)이라는 노인에게서 삼국을 병합할 비법(祕法)을 배웠다고 삼국사기는 전한다.

김유신의 아버지는 김서현(金舒玄)이다. 신라의 귀족이었던 그는 지방의 관리이자

장군으로 활동했다. 신라에 투항한 금관가야 국왕의 후손으로서 신라 왕실의 딸과 결혼해서 아들 김유신을 낳았고 딸 문희를 낳았다. 문희는 태종무열왕 김춘추와 혼인해 문명왕후가 되었다.

만노군 태수를 지낸 김서현은 진평왕 때, 아들 김유신을 부장군으로 삼아 대장군 김용춘과 함께 고구려 낭비성을 공격해서 함락시켰다. 낭시성은 오늘의 청주 지역에 있었던 것으로 추정된다.

소년 시절부터 삼국통일의 뜻을 품었던 김유신이 처음으로 전투에서 참여해서 공을 세운 것은 아버지를 따라 나서 고구려 낭비성을 공격한 때다. 이 전투에서 신라는 수세에 몰렸다. 이런 때 부장군의 직책을 맡은 김유신이 아버지의 허락을 받고 적진에 홀로 뛰어들어 칼로 적장의 칼을 베었다. 덕분에 전세는 역전되었고 신라군은 대승을 거두었다.

고구려 낭비성 전투 때 큰 공을 세워 무공을 떨친 김유신은 한 계단 두 계단 벼슬길에도 오르고, 여러 전투를 승리로 이끌면서 장수로서의 위상을 높여갔다. 나라에 반란이 일어났을 때는 선두에 서서 진압하기도

했는데, 왕이 머물던 월성(月城)에 큰 별이 떨어져 병사들이 동요하자 김유신이 한밤에 불붙인 연을 하늘로 띄워 별이 다시 하늘로 오른 것처럼 꾸며 병사들의 사기를 북돋은 뒤에 반란군을 진압했다는 이야기가 '삼국사기'를 통해 오늘에 전해진다.

김유신에겐 문희라는 여동생이 있었다. 김유신의 집에서 공을 차며 놀다가 문희의 옷고름이 떨어졌고, 옷고름을 달아주다 문희와 김춘추의 사랑이 깊어져 훗날 두 사람이 결혼을 하게 되었다는 얘기가 오늘에 전해 오는데, 처남과 매제 관계인 김유신과 김춘추는 훗날 신라 삼국통일의 주역이 되었다.

660년 7월, 김유신은 황산벌 전투에서 계백이 이끄는 5천 명의 백제군을 격파했다. 당나라 군사와 연합해 백제의 수도인 사비성을 함락시켰다. 웅진성으로 피난했던 의자왕의 항복을 받아냈다.

삼국통일의 대업이 이루어진 뒤, 김유신은 세상을 떠났다. 때는 문무왕 13년인 673년이었고 그의 나이는 팔순을 앞두고 있었다.

여동생 문희와 결혼한 김춘추가 태종무열

왕에 즉위하면서 정치적 위상이 더 높아졌던 김유신은 귀족회의의 수뇌인 상대등에 오르기도 했고, 삼국통일 전쟁 과정에서는 신라를 이끈 핵심 인물이었다. 그의 사후, 흥덕왕이 흥무대왕으로 추봉했다.

05 삼국통일 완성한 문무대왕

신라 제30대 왕인 문무왕은 661년부터 681년까지 21동 동안 신라를 통치했다. 아버지는 태종무열왕, 어머니는 문명왕후. 문명왕후는 김유신의 여동생 문희다.

문무왕은 아버지인 태종무열왕, 즉 김춘추의 일생을 곁에서 지켜보았다. 김춘추의 외교 능력과 개혁 정신, 그리고 이상 등을 유심히 지켜본 터라 아버지의 유업인 고구려 병합해서 삼국통일을 완성해야 되겠다는 포부를 어쩌면 어려서부터 가슴이 품고 있었으리라.

어려서부터 영특함과 총명함을 김춘추로부터 인정받은 문무왕은 젊은 시절부터 나라를 위해 헌신했다. 태자로 책봉되기 전부터 외교활동에 나서고 전쟁터에도 나갔다. 김춘추가 당나라 소정방과 연합해서 백제를 정벌할 때 문무왕도 공을 세웠다.

태자 시절, 문무왕은 신라가 당나라와 연합해 백제를 공격할 때, 병선 1백 척을 이끌고 지금의 덕적도로 가서 소정방이 이끄는 당나라 군대를 맞이했다. 웅진성에서 백제 의자왕의 항복을 받아낼 때도 태자 신분으로 공을 세웠다.

백제 멸망 이후 4년간 백제의 왕족과 신

하, 그리고 유민들은 백제를 다시 일으키려고 몸부림쳤다. 복신, 흑치상지, 도침 등은 앞장을 서서 백제부흥운동을 진두지휘했다. 661년엔 일본에 가 있던 의자왕의 아들 부여풍(扶餘豊)을 옹립했다.

백제부흥운동은 치열했다. 백제부흥군의 전투력은 상당해서 신라군과 당나라군의 피해도 컸다.

이렇게 백제부흥운동이 치열하던 때, 김춘추가 사망하고 문무왕이 즉위했다. 당시 신라와 당나라 연합군은 고구려도 병합하려고 애를 썼다.

문무왕은 김춘추가 미완으로 남겨 놓은 삼국통일의 완수를 위해 즉위 하자마자 전쟁에 임해야 됐다. 임기 초기의 상대는 백제 부흥군이었고, 이후엔 고구려와 당나라였다.

아버지 김춘추는 일찍 죽었지만 외삼촌 김유신이 문무대왕 곁에 있었다. 백제부흥운동을 종식시키고, 고구려를 정벌하는데 김유신의 활약도 컸다. 평양성에서 연개소문의 거센 저항을 물리칠 때도 김유신이 있었다.

고구려의 부흥운동도 만만치 않았다. 668년 9월 보장왕의 항복으로 고구려는 멸망했지만 부흥을 꿈꾸는 고구려 후예들의 기상도 백제 부흥군 못지 않았다.

아버지 태종무열왕이 백제를 항복을 받아내고, 아들 문무왕이 고구려를 병합했지만 신라가 삼국통일의 대업을 완성하려면 당나라도 물리쳐야 했다. 당나라는 당나라는 백제와 고구려를 멸망시킨 뒤 삼국 전체를 자기의 영토로 삼으려는 의도를 노골적으로 드러냈다.

문무왕은 당나라군과 전쟁을 벌였다. 육상과 해상에서 치열하게 전투를 벌였다. 676년 서해에서 해로를 따라 남하하던 설인귀의 부대를 격파함으로써 신라는 서해 해상권도 장악했고, 당나라는 안동도호부를 평양에서 요동성으로 옮겼다.

문무왕은 기어이 삼국통일을 완성시켰다. 영토가 대동강에서 원산만에 이른다는 한계성도 있었지만 21년간의 재임 기간 중 십수 년 동안 전쟁을 치른 문무왕의 수고로 신라의 삼국통일이 완성된 것이다.

06 '옛 서라벌의 남쪽 관문' 관문성

외동읍은 경주와 울산의 연결하는 곳이다. 옛 서라벌의 남쪽 관문이었다.

울산만과 동해를 한눈에 굽어보는 해발 629m의 삼태봉을 꼭대기로 해서 양남면 신대리에서 외동읍 모화리에 걸치는 관문성은 신라시대 영일만과 울산만에 상륙한 왜적을 방어하는 데 큰 역할을 했다. 왜적의 침입을 막는 서라벌의 바깥에 있던 성으로 서라벌의 안녕이 걸린 방벽이었다.

국가유산청의 '국가유산포털'에 따르면, 신라 성덕왕 때 쌓인 관문성의 원래 이름은 '모벌군성' 또는 '모벌관문'이었다. 조선시대에 관문성으로 부르게 되어 오늘에 이르고 있다.

우박천이라는 냇물을 사이에 두고 동해를 향해 쌓았으며, 673년에 쌓은 북형산성과 함께 경주의 동쪽을 지키는 데 큰 역할을 했다.

관문성은 경주의 다른 산성들과 다르게 산과 산을 연결하며 길게 쌓은 특수한 방식의 산성으로, 그 규모가 12㎞에 달해 신라의 만리장성으로 불리기도 했다. 성 안에는 성문자리로 보이는 곳과 창고자리, 건물 자리 등이 군데군데 남아 있다.

잘 다듬은 돌과 자연석을 이용하여 쌓은 산성으로, 경주의 남산성과 비교해볼 때 성 쌓기 방식에서 훨씬 발달된 모습을 보여준다.

치술령 줄기를 따라 쌓인 관문성은 일반적인 산성과는 다르게 동서 축으로 길게 배치됐다. 신라가 관문성을 축조한 주된 이유는 무엇보다 왜적 침입의 방지였다. 왜적을 방어하는 요새 역할을 했다.

관문성은 조선시대에도 경주 방어에 중요한 역할을 했다. 임진왜란 때는 산성 인근에 위치한 신흥사의 승병과 의병들이 관문성에서 항전했다.

07 조선시대 경주에 있었던 '경상감영'

오늘날 도지사와 같은 조선시대의 관료는 관찰사였다. 각 도의 지방 통치를 관할하던 종2품의 지방 장관이다. 관찰사는 자신이 임무를 맡았던 도내의 행정, 사법, 군사를 총괄했다.

조선 전기 관찰사의 임기는 1년 또는 2년이었다. 후기엔 경기도를 제외한 7도의 관찰사 임기는 2년이었으나 19세기엔 8도 관찰사 모두 임기는 2년이었다.

감영(監營)은 조선시대 각 도의 관찰사가 거처하는 관청이다. 경상도의 경우, 상주에 있었다가 1601년 대구로 옮겨졌다.

감영의 운영비는 관리하는 토지에서 충당했다. 소속된 노비는 450명 또는 600명이었는데, 경상도 감영의 경우는 450명이었다. 경상도 감영엔 39명의 공장(工匠) 즉, 수공업에 종사하는 장인도 소속됐다.

'경상도(慶尙道)'라는 명칭은 낙동강을 기준으로 좌도와 우도의 중심지인 경주와 상주의 고을 이름에서 유래했다. 조선 초기 경상감영은 경주에 있었다. 태조 원년인 1392년 경주에 설치됐다. 경상감영이 담당하는 지역이 너무 넓다는 판단으로 태종 8년 1408년 경주에 있던 경상감영이 상주로 옮겨졌다. 그 후 안동을 거쳐 대구로 터를 옮겼다.

세종실록은 경상감영이 경주에서 상주로 옮겨진 이유를 이렇게 설명한다.

모든 풍화는 임금이 있는 한성부에서부터 상주를 거쳐 경주로 내려가는 것이지 경주에서 상주로 거꾸로 올라오는 것이 아니기 때문이다.

문 화 의 혼

01 경주에서만 나온 유리잔

신라 초기 조성된 경주의 무덤은 크게 두 종으로 구분된다. 그 하나는 경주에만 밀집되다시피 한 적석목곽무덤이다. 다른 하나는 넓고 거대한 돌로 만들어진 석실무덤이다.

경주의 고분은 평지에 구덩이를 파거나 평지에 궤모양의 큰 목곽을 만들고 그 겉을 굵은 개울돌로 두껍게 포장한 다음, 거기에 다시 거대한 원형의 봉분을 씌웠다. 내부 시설을 다시 이용할 수 없고, 도굴을 방지할 수 있는 구조다.

무덤에 묻힌 부장품 가운데는 신라만의 특징을 갖고 있는 것들이 적지 않다. 금이나 은으로 장식한 공예품은 색다른 지역성을 보여준다. 신라인들의 창의력을 엿볼 수 있는 부장품이 많다.

경주의 고분에서는 유리잔도 나왔다. 유리잔은 고구려나 백제의 무덤에서 나온 적 없다는 주장도 있다. 경주의 고분에서만 대량으로 나왔다는 것.

국립경주박물관 'e뮤지엄'이 국사편찬위원회 '우리역사넷'에 올린 '오색찬란한 빛깔의 향연'이라는 제목으로 글을 근거로 신라 고분 출토된 유리 제품을 정리해 본다.

유리는 약 4,500년 전 이집트나 메소포타미아 지역에서 처음 만들어졌다고 알려져 있다. 기원전 1세기경 대롱불기 기법으로 유리 제작의 전환기를 맞았다. 이때 '로만글라스(roman glass)'라고 하는 유리 제품이 유럽 대륙과 아시아로 확산되었다.

한반도에 유리 제품이 들어온 것은 기원전 2세기경. 중국 철기문화와 함께 유리도 들어왔다고 본다. 우리나라에서 가장 오래된 유리 제품은 부여 합송리나 당진 소소리 유적 등에서 나온 대롱구슬이다.

신라 무덤에서 주로 출토되는 유리제품은 구슬류와 팔찌, 유리그릇을 비롯해 일부 귀걸이나 말띠꾸미개에 유리 알갱이를 넣어 만드는 경우도 있다. 가장 많은 양을 차지하는 것은 유리구슬류로 보통 목걸이였을 것으로 추정된다. 신라 대형 적석목곽분에서는 가슴걸이 형태로도 나타날 만큼 많은 양이 출토되었다. 신라 유리그릇은 주로 황금 장신구와 함께 출토되며 흑해 연안을 거쳐 초원길을 통해 들어왔을 것으로 추정된다. 초원길은 유라시아 스텝을 통과하는 고대 육로로, 실크로드의 전신이다.

삼국시대 중 신라시대 무덤에서 유리구슬

이 가장 많이 출토되었다. 특히 경주 황남대총에서 확인한 약 4만 점이 넘는 유리구슬은 단일 무덤 중 최대량을 자랑한다.

신라 외에도 백제 무령왕릉에서도 청색과 녹색의 유리구슬이 약 30,700여 점 정도 출토되었다. 황남대총 유리구슬 중에서 청색 계열이 많았다면 무령왕릉에서는 주황색 계열이 가장 많았다.

신라에서는 유리가 황금보다 귀했다. 유리 제품 중에서도 특히 유리그릇은 당시 그 가치를 산정하기 힘들 정도였다.

주로 4~6세기의 신라 적석목곽분에서 유리 그릇이 집중적으로 나왔다. 하나의 무덤에서 1~2점 정도만 확인된다. 특히 경주 황남대총남분에서 8점, 북분에서 5점의 유리그릇이 한꺼번에 출토되었다. 그 종류나 형태도 꽤 다양해서 주목을 받았다.

신라의 고문에서 발굴된 유리그릇 중 으뜸은 황남대총 북분의 봉황 머리 모양 유리병이다. 비록 깨진 것을 복원한 것이지만 형태적인 미감도 훌륭하고 유리의 두께도 매우 얇은 편이다.

유리그릇 중엔 유리잔이 있다. 유리잔은

경주의 고분에서만 나왔다는데, 신라가 국제교류를 얼마나 적극적으로 했는지 알 수 있다. 경주 고분 유리잔은 서아시아와 로마에서 흘러 들어온 것이리라.

  불교에서는 유리를 귀한 보석인 칠보(七寶) 중의 하나로 매우 진귀하게 여긴다. 사리 용기 중 가장 안쪽에 두는 작은 사리기를 유리병으로 만들었다. 아무튼 신라의 유리그릇은 불교가 들어오면서 대접을 더 받게 되었다고 알려져 있다.

02 세계에서 가장 아름다운 에밀레 종소리

위대한 문화유산 에밀레종. 지구상에서 가장 아름다운 소리를 낸다고 알려져 있다. 이 종의 원래 이름은 성덕대왕 신종, 천여 년 전에 만들어진 이 세계적인 종이 경주인들의 곁에 남아 있다는 것은 행운이고, 축복이리라.

천여 년의 세월 동안 그 종소리를 들려준 에밀레종은 한 때 경주 읍성의 문을 열고 닫을 때도 울렸다고 한다. 일제강점기에 박물관에 자리를 틀었다.

에밀레종은 몸집도 세계적이다. 높이는 3.4m, 무게는 무려 19톤이다. 이런 종을 만들기 위해서 얼마나 많은 사람과 주물이 들어갔을까. 신라시대에 어떻게 이렇게 뛰어난 종 제작 기술을 가졌을까.

에밀레종은 그 외형도 세계적이다. 종의 겉모양 곡선은 우아하고, 겉면에 조각된 비천상은 세계적인 걸작이다.

에밀레종 겉면 위쪽에는 이 종이 제작된 내력이 천 개쯤 되는 글자로 새겨져 있다. 종의 허리쯤 되는 사방엔 신선들이 하늘로 올라가는 비천상이 새겨져 있는데, 신비롭고 예술성이 빼어나다. 이 비천상은 종에서 큰 소리가 나길 바라는 염원도 담겨 있다.

국립민속박물관이 제공하는 '한국민속문학사전'엔 에밀레종 설화가 실려 있다. 이 사전에 근거해서 에밀레종 설화를 재구성해 본다.

봉덕사에서 종을 만드는 일이 계속 실패하자 스님과 신도들의 걱정이 많았다. 봉덕사의 한 승려가 민가를 돌아다니며 재물이나 쇠붙이를 보시를 받았다.

그러던 중 승려는 어린아이를 업고 있는 한 아낙을 만났다. 승려가 그 아낙에게 시주를 청하자 아낙은 집안이 가난해 시주할 것이 없으니, 등에 업고 있는 내 아이라도 가져가라고 농담을 했다. 승려는 아낙의 농담이 지나치다고 생각하며 봉덕사로 돌아갔다.

그런데 종을 만드는 작업이 연거푸 실패로 끝났다. 승려는 꿈속에 어린아이를 바쳐야 종을 만들 수 있다는 계시를 받았다.

그 계시가 탐탁지 않았지만 승려는 그 아낙의 집을 찾아가서 아이를 데리고 봉덕사로 돌아간 뒤 쇳물에 넣었다. 마침내 종이 완성되었다. 종을 치니 그 아이의 원혼 때문인지 '에밀레…에밀레…'하고 소리가 났다.

아버지의 눈을 뜨게 하려고 인당수에 몸을 던진 심청이처럼 그 옛날 토목공사 현장에서도 사람을 제물로 바치는 사례가 있었다고 한다. 이런 인신공양 설화의 하나가 에밀레종 설화다. 부처님의 목소리를 세상에 전하는 종을 주조하는데, 어린아이를 제물로 바치는 것은 살생을 금하는 불교의 기본 교리와 상충된다.

실제로 에밀레종을 만들 때 어린아이를 제물로 바친 것은 아니라는 것이 오늘날 전문가들의 해석이다. 다만, 신성한 종을 만들기 위해서는 인간의 큰 희생이 필요함을 역설하고 있다.

이 설화를 귀하게 여기는 것은 신라인들이 드높은 신앙심을 엿볼 수 있기 때문이다. 공학적으로, 미학적으로 빼어난 가치를 지니고 있는 에밀레종은 신라 불교 예술의 진수를 보여준다.

[성덕대왕신종]

03 '세기적인 신라 정원 건축술의 백미' 월지

경주 인왕동엔 유명한 신라의 연못이 있다. 사람들이 땅을 파서 만든 인공연못 월지다.

월지에 지은 누각을 임해전이라 부른 것은 월지를 바다로 생각했기 때문일 것이다.

신라의 뛰어난 정원 건축술을 보여주는 월지에 대한 기록이 '삼국사기'에도 있다.

궁안에 못을 파고 산을 꾸며 여러 종류의 화초와 새와 짐승을 길렀다.

'삼국사기'는 임해전에 대한 마지막 기록도 남겼다. 신라의 국운이 이미 기울어진 때인 931년(경순왕 5)에 왕이 고려 태조를 맞아 연회를 베풀었다고 전한다.

월지는 삼국통일을 이룬 문무대왕이 왕실의 위엄을 돋보이게 하려고 궁궐을 세우면서 조성되었다. 월지는 이전에는 안압지로 불렸다.

월지의 동서간의 거리는 200m, 남북의 거리는 180m, 둘레는 1km에 달한다. 굉장히 넓은 연못으로 전경은 커다란 갈고리 모양이다. 연못 안에는 크고 작은 섬 3개, 봉우리 12개가 있다.

황룡사 앞으로 북천 물을 끌어와 인공적으로 월지에 물을 댔다. 계림을 거쳐 남천으로 빠져나가게 한 물길을 지금도 그래로다.

 물을 받는 돌물통은 물살에 패인 듯하게 자연스럽게 팠다. 어느 쪽에서도 수면을 한눈에 볼 수 없도록 설계된 월지는 자연의 이치를 인공적으로 반영한 정말이지 조경이 뛰어난 정원이다.

 '동국여지승람'은 '문무왕이 궁궐 안에 못을 파고 돌을 쌓아 산을 만들었으니 무산십이봉(巫山十二峰)을 본떴으며…'라고 기록해 놓았다. 월지를 조성한 것은 신선 사상과 연관되어 있음을 시사한다.

 신선 사상이 진득하게 남아 있는 월지. 신라는 백제에 이어 고구려를 정벌한 다음 당나라 군대를 몰아내며 바야흐로 삼국통일의 위업을 달성했다. 삼국통일 과정에서 한반도 밖의 문명도 접하게 되었다. 문무대왕이 월지를 조성한 데는 통일신라의 세계관이 국제적이고 선진적으로 변한 배경도 있을 것이다.

 신라인들은 이 월지에서 연회도 즐겼고, 배를 띄워 놀기도 했다. 월지와 주변의 건물터에서 3만여 점의 유물이 발굴되었는데, 그 일부는 연회와 뱃놀이 때 실수로 빠

[동궁과 월지]

뜨린 것일 수 있다.

　월지에서 발굴된 궁중의 생활용품은 매우 화려하고 세련됐다. 낭시 통일신라의 문화 수준이 상당히 높았음을 보여준다.

04 동양 최고(最古)의 천문대, '첨성대'

경주 인왕동엔 신라시대 천문을 관측하던 건물이 있다. 높이는 약 9.5m, 사용된 돌의 개수는 361개에 그 돌 반쪽만 한 돌 하나더 있다. 음력으로 따졌을 때 일 년의 날짜 수와 같다.

국보 제31호인 첨성대의 겉모습은 크게 기단, 몸통, 꼭대기로 나뉜다. 기단은 사각형, 몸통은 원통꼴, 꼭대기는 '우물 정'자꼴로 쌓았다. 원통형 몸체의 돌을 27층이다. 13층과 15층 사이에 남쪽으로 난 창이 있다. 그 아래에 사다리를 건 자국이 있다.

'하늘은 둥글고 땅은 네모난 것'이라는 동양의 전통 천문사상을 품고 있다. 꼭대기의 '우물 정(井)'자는 정확한 방위를 가리킨다.

선덕여왕 때 만들어졌다는 첨성대는 지금까지 남아 있는 기상 관측소 가운데 동양에서 가장 오래된 것이다. 신라의 동서남북 방위를 정하는데 중심이었다고 알려져 있다.

그 시절, 별을 보는 이런 천문대를 세운 것은 크게 두 가지의 목적이 있었던 것으로 추정된다. 하나는 국가의 길흉을 점치기 위해 서다. 두 번째는 천문학과 역법 때문에 천체 운행의 관측하는 용도였다. 신라 첨성대가 만든 시기는 점성학적인 비중이 컸던 시대다.

당시 신라에만 첨성대가 있었던 건 아니다. '세종실록' 지리지에 따르면, 고구려에도 첨성대가 있었는데, 평양성 안의 연못가에 있었다고 전한다. '신증동국여지승람'도 이런 사실을 전하는데, 고구려의 첨성대는 오늘날 흔적조차 찾아 볼 수 없다. 다행히 신라의 첨성대는 오늘날까지 전해지고 있다.

신라의 토기처럼 원통형인 첨성대는 100년 전에 세워진 프랑스 에펠 탑과 그 건축방식이 비슷하다. 삼국시대에 세운 첨성대는 오늘도 온전한 형태를 유지하고 있다. 참으로 오랜 세월이 흘렀지만 아직도 견고하다. 신라인의 건축술이 얼마나 뛰어났는지 첨성대를 통해 확인할 수 있다.

[첨성대]

05 '동아시아 불교 조각의 최고 걸작' 석굴암

불국사를 품은 토함산 동쪽엔 석굴암이 있다. 사람의 손으로 빚는 석굴에 부처님을 모신 위대한 문화유산이 석굴암이다. 대한불교조계종 11교구 본사인 불국사의 부속 암자다.

본존불을 중심으로 인간 세상에 존재하지 않는 완벽한 조화의 세계를 구축한 사찰인 석굴암. 불국사도 그렇지만 석굴암도 김대성이 창건했다고 전해온다. 창건 당시 석굴암의 이름은 '석불사'였다. 불국사처럼 나라를 수호하려는 국가의 사찰로 관리됐다.

자연석을 다듬어 만든 인공 석굴에 본존불상을 중심으로 정교한 계산 속에 배치된 아름다운 불상들, 완벽한 불국토를 연출한다. 종교성과 예술성에서 우리 조상이 남긴 가장 탁월한 작품이자 전 세계의 종교 예술사에서도 빛나는 유산이다.

석굴 사찰은 우리나라에만 있는 것이 아니다. 인도에서 처음으로 만들기 시작했다. 중국을 거쳐 한반도에 전해진 것이다. 경주 석굴암은 인도나 중국의 석굴 사원과 달리 돌을 쌓아 조성됐다. 인도와 중국의 무른 바위와 달리 우리나라의 바위는 단단한 화강암이 많아 이런 방식을 택한 것으로 추정된다.

 사각형의 앞방과 뒷방으로 이루어진 석굴암의 본존불의 얼굴을 동남쪽을 향한다. 동해에 해가 떠오르면 해가 불상의 이마를 비춘다. 이때 석실 내부가 밝아진다.

 석굴암에 새겨진 조각들은 그 예술성이 뛰어나다. 사실적이고 환상적이다. 원숙한 조각 기법과 사실적인 표현으로 거의 완벽하게 석가여래상을 조각했다. 주실의 본존불 석가여래불의 조각은 세계에서도 가장 이상적인 미를 대표하고, 주실의 보살들은 유연하고 우아하다. 나한상들을 개성이 있다. 이렇듯 석굴암은 동아시아 불교 조각의 최고 걸작품으로 평가받는다.

 당시 신라의 뛰어난 건축, 수리, 기하학, 종교, 예술 등이 총체적으로 집약된 석굴암의 탄생 과정을 '삼국유사'도 기록해 놓았다. '삼국유사'에 따르면, 김대성이 불국사를 세운 건 현세의 부모를 위함이고, 전생의 부모를 위해 석굴암을 세웠다. 석굴암의 석불을 조각하려고 큰 돌 한 개를 다듬어 감실을 덮는 천장돌을 만드는데 돌이 세 조각으로 갈라졌다. 이에 김대성은 화가 나서 잠들었는데, 밤중에 천신(天神)이 내려와 제 모습대로 만들어 놓고 돌아갔다. 그래서 김대성은 남쪽 고개에 급히 올라가 향나무를 태워 천신을 공양했다.

석굴암은 신라인의 믿음과 슬기로 만들어진 찬란한 문화의 금자탑이다. 미학적으로도 훌륭하지만 그런 걸작을 탄생시킨 신라인들의 민족혼도 길이 남을 것이다.

세계적인 건축가들은 세계문화유산으로 지정된 세계 유일의 인조 석굴인 석굴암을 둘러본 뒤 할 말을 잊는다고 한다. 방을 만들고 굴을 만들어 꾸민 석굴암은 석굴이 아니라 석실에 가까운데 이런 건축 기술은 오늘날에도 구현하기 힘들기 때문이란다.

건설 기간이 40년이라 걸렸다는 석굴암. 에밀레종처럼 당시 세계 최고의 기술과 문화를 자랑하던 신라인들의 저력이 빚어낸 위대한 문화유산이다.

[석굴암 전경]

06 '신라 최초 여왕 선덕여왕의 대찰' 분황사

경주 분황로에 있는 분황사가 홈페이지를 통해 제공하고 있는 자료에 따라 '분황사'를 소개해 본다.

분황사(芬皇寺)는 선덕여왕 3년인 634년에 건립되었다. 우리 민족이 낳은 위대한 고승 원효와 자장이 거쳐 간 절이다. 자장이 당나라에서 대장경의 일부와 불전을 장식하는 물건들을 가지고 귀국하자 선덕여왕은 그를 분황사에 머무르게 했다. 원효는 이 절에 머물면서 '화엄경소', '금광명경소' 등 수많은 저술을 남겼다. 원효가 죽은 뒤 그의 아들 설총은 원효의 유해로 소상을 만들어 이 절에 모셔두고 죽을 때까지 공경했다.

좌전 북쪽 벽에 있었던 천수대비 그림은 영험이 있기로 유명했다. 경덕왕 때 희명의 다섯 살 난 아이가 갑자기 눈이 멀자 아이를 안고 천수대비 앞에 가서 '도천수대비가'를 가르쳐주고 노래를 부르면서 빌게 했더니 눈을 뜨게 되었다는 이야기가 전해진다.

솔거가 그린 관음보살상 벽화가 있었다고 전해오는 분황사는 몽고의 침략과 임진왜란 등으로 모두 유실되었다. 그 터만 전해

왔다. 오늘의 분황사는 조그만 사찰이다.

 분황사 터가 있는 곳은 경주 구황동이다. 동네 이름으로 미루어 보자면 '황(皇)'자가 붙은 절 아홉 개 있었을 법하다.

 구황동엔 분황사 터와 황룡사 터가 있다. 분황사는 선덕여왕 3년에, 황룡사는 그보다 11년 뒤인 645년에 창건되었다. 분황사와 황룡사는 담장을 두고 이웃했다.

 이 절터엔 국보 30호인 석전탑과 신라시대의 우물이 있다. 이 우물에 나라를 지키는 용이 살았다고 전해온다.

 석전탑은 돌을 벽돌처럼 다듬어 쌓은 탑이다. 이 탑의 돌벽돌은 바다 속에서 캐낸 안산암이다. 날이 맑으면 표면에서 소금꽃이 희게 서렸다고 한다.

 '한국민족문화대백과'는 분황사를 이렇게 정의한다.

 선덕여왕 당시 창건한 사찰이다. '왕분사(王芬寺)'라고도 한다. '분황(芬皇)'은 '향기 날 분', '황제 황'자로 '향기나는 황제절'이란 뜻으로, 신라 최초로 여왕이 왕위에 올라선 것을 알리는 상징적인 절이다.…

[분황사]

07 '세계 최고(最高) 목탑'의 황룡사 9층목탑

분황사와 담장으로 이웃했던 황룡사는 신라에서 가장 컸던 사찰로 알려져 있다. 드넓은 허허벌판에 터만 남았다.

창건은 진흥왕 때 시작됐다. 1차 공사만 17년이 걸렸고, 세계에서 가장 높은 목탑이었다는 9층탑이 들어서기까지 93년이 걸렸다. 몽고 침략으로 사라진 '황룡사 터'는 1963년 사적으로 지정되었다.

'한국민족문화대백과'에 근거해서 '황룡사'를 정리해 본다.

황룡사는 월성(月城) 동쪽 용궁의 남쪽에 있었다. '칠처가람지(七處伽藍址)', 과거 7불이 주석했다는 경주 일원 일곱 사찰의 유적지다. 황룡사는 이런 가람의 하나로 규모나 절의 위상에 있어서 신라 제일 사찰이었다.

진흥왕 14년 새로운 대궐을 본궁 남쪽에 짓게 되었다. 그곳에 대궐 공사장에 황룡이 나타났다. 해서 대궐을 사찰로 고쳤다. 절의 이름을 '황룡사'라 칭했다.

신라인들은 황룡사터가 까마득한 옛날부터 있었다고 보았다. 이렇게 여긴 것은 신라인의 염원인 '불국토(佛國土)'가 먼 데 있는 것이 아니라 바로 신라 땅에 있다고 생각했다.

황룡사의 터는 수만 평에 달한다. 오늘날까지 발굴이 이루어지고 있지만 그 규모와 品었던 시설들은 어마어마했던 것으로 추정된다. 신라의 국가 사찰이었으니 그 면모가 대단했을 것으로 짐작된다.

솔거는 금당벽화에 그림을 그렸다. 자장율사는 '보살계본'을 강의했고, 원효대사는 '금강삼매경론'을 가르쳤다. 자장율사가 '보살계론'을 강의할 때, 7일 동안 감로운무(甘露雲霧)가 내려 강당을 덮었다는데, 자장율사와 원효대사가 강의했던 그 강당의 규모는 어떻고, 바깥과 안의 꾸밈은 어땠을까.

신라의 역대 왕들은 국가에 큰일이 있을 때, 자장율사와 원효대사가 강의했던 그 강당을 직접 찾았다고 한다. 그럴 때면 100여 명의 고승들이 함께하며 부처님의 가호를 빌었다고 전해온다.

이런 강당과 더불어 삼국시대 가람배치 방식을 따라 대웅전 등 수많은 건물과 탑 등 수많은 조형물들이 펼쳐졌을 것이다. 오늘에 전해지는 황룡사의 중심은 '9층목탑이다.

 자장율사가 당나라로 유학을 다녀온 적이 있다. 율사가 중국 오대산에 있는 불교 성지인 '태화지(太和池)' 옆을 지나는데, 신인(神人)이 나타나서 이렇게 말했다.

 "황룡사 호국룡은 나의 장자로 범왕(梵王)의 명을 받아 그 절을 보호하고 있으니, 본국에 돌아가서 그 절에 9층탑을 이룩하면 이웃나라가 항복하고 구한(九韓)이 와서 조공하며 왕업이 길이 태평할 것이요, 탑을 세운 뒤에 팔관회를 베풀고 죄인을 구하면 외적이 해치지 못할 것이다"

 문수보살로부터 부처님의 머리 유골인 불정골(佛頂骨)과 치아 사리 등을 받아 귀국한 율사는 선덕여왕에게 탑을 세울 것을 건의했다. 선덕여왕은 이 제안을 받아들였다.

 백제 출신의 명장 아비지가 목재와 석재로 탑을 세웠다. 전문 인력 200여 명이 작업을 도왔다. 높이 225척의 황룡사 9층목탑이 세워졌다. 율사는 9층목탑 아래 중국에서 받아 온 부처님 사리 등을 봉안했다.

 이 탑의 각 층은 아래에서부터 일본, 중국, 말갈, 예맥 등 9개국을 상징한다. 이들 나라의 침략을 막을 수 있다는 뜻을 담고 있었다고 한다.

  9층목탑은 여러 차례 시련을 겪었다. 세워진 지 50년이 지난 뒤 벼락을 맞아 불에 탔고, 그 이후에도 여러 차례 새롭게 세워졌다. 그러다 1238년 몽고군의 침입으로 황룡사 전체가 불에 탄 뒤 중수되지 못했다.

  '삼국유사'는 황룡사에 에밀레종보다 4배나 크고, 에밀레종보다 17년 앞서 주조된 종이 있었다고 기록해 두었지만 이 종도 몽고군의 침입 때 없어진 것으로 추정된다.

08 향가 '모죽지랑가'의 무대 경주 부산성

'향가(鄕歌)'는 향찰(鄕札)로 표기된 우리나라 고유의 정형시와 서정시를 일컫는다. 향찰은 신라 때, 한자의 음과 뜻을 빌려 국어 문장 전체를 적은 표기법이다. 특히 향가의 표기에 쓴 것을 이른다.

향가는 신라시대로부터 고려 전기까지 창작되었다. '도솔가(兜率歌)'와 '사뇌가(詞腦歌)'도 포함한다. 중국시가에 대한 우리 나라 고유의 시가를 지칭하기도 하며, '신라가요', '신라시가'라고도 부른다. 현재 전하는 향가는 '삼국유사'에 14수, '균여전'에 11수로 모두 25수다.

향가의 작가는 다양하다. 축을 이룬 작가층은 화랑과 승려다.

전해 오는 향가 중엔 '모죽지랑가(慕竹旨郞歌)'가 있다. 작가는 득오다.

去隱春皆理米
(지나간 봄을 그리워하니)

毛冬居叱沙哭屋尸以憂音
(모든 것이 서러워 시름하는데)

阿冬音乃叱好支賜烏隱
(아름다움을 나타내신)

皃史年數就音墮支行齊

(얼굴이 주름살을 지으려 하옵니다)

目煙廻於尸七史伊衣
(눈 돌이킬 사이에나마)

逢烏支惡知作乎下是
(만나 뵙도록 하리이다)

郎也慕理尸心未行乎尸道尸
(낭이시여 그리운 마음의 가는 길이)

蓬次叱巷中宿尸夜音有叱下是
(다복쑥 우거진 마을에 잘 밤이 있으리이까)

경주시가 발간하는 '아름다운 경주이야기'엔 '모죽지랑가(慕竹旨郞歌)'를 다룬 글이 있다. 글쓴이는 이채경 학예연구관(전 경주시 문화재과장)이다.

부산성(富山城)에는 아간(阿干) 익선(益宣)과 죽지랑(竹旨郞)에 얽힌 이야기가 '삼국유사'에 다음과 같이 전해온다.

'제32대 효소왕대 죽지랑의 낭도 중에 벼슬이 급간(級干)인 득오(得烏)란 사람이 있었다. 풍류황권(風流黃卷-화랑도의 명부)에 이름을 올려놓고 날마다 출근하더니, 열흘이 지나도록 보이지 않았다. 죽지랑이 그의 어머니를 불러 당신의 아들이 어디에 있는가 물었다. 그 어머니가 말하기를, "당전(幢典)인 모량(牟梁)의 아간(阿干) 익선(益宣)이 우리 아들을 부산성의 창고지기로 뽑아갔는데 급히 달려가느라고 미처 낭에게 말씀드릴 겨를이 없었습니다"라고 하였다.

낭이 말하기를, "당신 아들이 만약 사사로운 일로 거기에 갔다면 찾아볼 필요가 없겠지만, 이제 공적인 일로 갔다니 마땅히 가서 찾아보고 대접해야겠소"라고 하고 이에 떡 한 홉과 술 한 항아리를 가지고 하인을 거느리고 가는데, 낭도(郞徒) 137명도 역시 위의를 갖추고 따라갔다.…

죽지랑은 귀족인 김술종(金述宗)의 아들로 태어나 화랑이 되어 진덕여왕, 태종무열왕, 문무왕, 신문왕의 4대에 걸쳐 밖으로는 장군으로 삼국통일전쟁에 출전하여 공을 세웠으며, 안으로는 재상이 되어 나라를 안정시켰다 …

'모죽지랑가'는 신라 효소왕 때 득오가 지은 8구체 향가다. 득오가 죽지랑을 사모해 지었다는 노래인데, 삼국을 통일한 후 화랑도가 세력을 잃어가는 과정을 암시적으로 드러내 보여 주는 역사적으로도 의미 있는 노래다.

사
람
의

혼

01 경주 이씨 시조 '표암공 이알평'

경주이씨(慶州李氏)의 시조 표암공(瓢巖公) 이알평(李謁平). 신라 건국 신화에 나오는 사로 6촌 중 '알천양산촌(閼川楊山村)'의 촌장으로 전해진다. 사로국 6촌의 부족사회를 영도하는 수장이었다고 한다.

'두산백과'에 따르면, '표암공'이라는 호칭은 이알평이 애초에 경주 박바위에 강림했다는 전설에서 유래한다.

'삼국유사'에 이알평에 관한 기록이 있다. 기원전 117년에 알평공이 하늘에서 신라의 영산 중의 하나인 경주 서북에 있는 금강산 표암봉에 내려왔다고 전한다.

사로국 6촌의 촌장들과 협의를 해서 박혁거세를 신라 제1대 왕으로 옹립한 이알평은 직책을 맡아 박혁거세의 통치를 도왔다. 신라 건국의 공로를 인정받아 왕으로부터 성을 하사받았다. 하사 받은 성이 오늘의 '경주이씨'다.

경주이씨 중시조는 소판공(蘇判公) 이거명(李居明)이다. 이거명은 신라 후기의 인물로 진골(眞骨) 출신이다. 그는 시조 알평의 36세손이다.

경주이씨 여러 대파 중에서 '익재공파', '국당공파', '상서공파', 이들 3파가 가장 번창하고 주축을 이루고 있다.

　익재공파는 고려 후기의 문신이고 학자였던 익재 이제현에 뿌리를 둔다.

　'한민족문화대백과사전'에 따르면, 고려 충렬왕 13년인 1287년에 태어난 이제현은 충선왕의 부름을 받고 연경의 만권당에 머물면서 원나라의 유명한 학자·문인들과 교유했다. 중국 내륙 여행을 하며 학문과 식견을 넓혔다. 관료로서 고려가 원나라의 부마국이라는 현실을 인정하고 그 한계 안에서 국가의 존립과 사회모순의 시정을 위해 노력했다. 성리학 도입에 공이 컸고, '익재집'을 남겼다. 시·사에 뛰어나 고려 한문학을 한 단계 끌어올렸다는 평가를 받는다.

　경주이씨는 우리나라 이씨의 대종을 이룬다고 해도 결코 틀린 말은 아닌데, 그만큼 인구수가 많다. 본관에 따라 인구수를 따진다면 경주이씨는 경주 김씨에 조금 못 미친다. 그 순위가 매우 높은 편이다.

　우리나라 역사 속에서 성씨를 쓰기 시작한 것은 삼국시대였다. 고구려도, 백제도, 신라도, 초기부터 성씨를 쓴 건 아니다. 고구려는 장수왕부터라 하고, 백제는 근초고왕, 신라는 진흥왕 때 부터라 한다.

　'삼국사기'와 '삼국유사'는 고려 때 쓰였다. 그렇기에 '삼국사기'와 '삼국유사'의 기록을 통해 성씨의 시조를 확정하는 것은 다소 무리가 있다. 그래서인지 우리나라 여러 성 씨들은 그 진정한 뿌리를 고시조가 아닌 중시조부터 잡기도 한다.

　경주이씨가 소판공 이거명을 중시조 잡은 근거는 익재 이제현의 묘비다. 벼슬이 소판이었던 이거명을 가문의 먼 조상으로 기록했다고 전해온다.

　경주이씨는 고려 말에 크게 세력을 떨쳤다. 조선에 들어와서도 학자와 공신, 명신을 배출했다.

　오성과 한음으로 유명한 백사 이항복, 이준 열사와 함께 고종의 특사로 헤이그에 파견된 이상설, 독립운동가 이회영과 이시영 형제도 경주이씨가 배출한 역사 인물이다.

　조계종 종정을 지낸 성철 스님, 삼성의 이병철 회장과 이건희 회장도 경주이씨다.

02 고운 최치원이 뿌리내린 경주최씨

'두산백과'는 '경주를 본관으로 하는 경주최씨(慶州崔氏) 신라의 석학 최치원(崔致遠)을 시조로 한다'고 소개한다.

'경주최씨중앙종친회' 역시 시조를 최치원으로 삼고 있다. '경주최씨중앙종친회' 홈페이지에 올려진 회장 인사말은 이렇게 시작된다.

경주최씨는 통일신라말 캄캄한 시대에 문명의 등불을 밝혀주신 대문호이자 대문장가인 문창후 고운 최치원 선생을 시조로 모시고 있습니다.…

다음은 '경주최씨중앙종친회' 홈페이지에 올려져 있는 '경주최씨의 유래'다.

경주최씨는 우리나라 최씨 가운데 대종(大宗)으로 신라 사량부 촌장 소벌도리를 원조(元祖)로 하고, 그의 24세손이며 신라 말기의 대문장가인 고운(孤雲) 최치원 선생을 시조(始祖)로 하여 본관을 경주로 삼아 세계(世系)를 이어오고 있는데, 다른 최씨들도 최치원 선생의 선대(先代) 및 후대(後代)에서 분파되었다고 보면 정확하다.…

최치원의 자는 고운 등이고, 시호가 '문창

[교촌마을 최부자댁]

[교촌마을 최부자댁]

후(文昌侯)다. '한국민족문화대백과'는 최치원 인생과 업적을 이렇게 요약해 놓았다.

최치원은 당에 유학하고 남북국시대 당에 유학하고 통일신라의 학자, 문장가, 관료이다. 당을 중심으로 한 국제 질서를 인정하면서도 신라의 고유성과 토착성을 알리려고 하였다. 특히, 사람에 도가 있고 사람은 나라의 차이가 없다고 주장하여, 인간 중심의 보편성과 그에 따른 다양성을 강조하여 신라의 세계화를 이끌었다.

다만, 생존 당시 신라가 쇠퇴하여 정치 이념과 사상은 신라 사회에서 실현되지 못하고, 이후 고려 국가의 체제 정비에 영향을 미쳤다. 그의 문장은 동아시아 문서의 형식을 그대로 반영한 것이어서 조선시대에도 특별히 주목을 받았다.

최치원은 헌안왕 1년인 857년 경주에서 태어났다. 약 17년 동안 중국에서 활동하면서 중국의 문물과 제도를 익혔다. 한문학의 대가로 이름을 크게 떨쳤다. 그가 지은 '토황소격문(討黃巢檄文)'과 '계원필경(桂苑筆耕)'은 오늘날에도 널리 회자된다.

최치원의 사후에 그를 모시거나 기리기 위해서 건립한 사우와 서원도 전국적으로 분포하고 있다. 정읍 무성서원, 경주 서악서원, 진주 남악서원, 김제 벽성서원 등 20곳이 넘은 사우와 서원이 전국에 산재한다.

최치원이 뿌리를 내린 경주최씨는 통일신라에 이어 고려시대에도 크게 역량을 떨쳤다. 그의 사상은 증손 최승로를 통해 고려 건국의 이론적 기반을 제공했다고 알려져 있다.

고려의 운명을 틀어줘었다고 할 만큼 고려시대엔 명문가문이었는데, 조선시대 접어들면서 경주최씨는 크게 위축됐다. 그러던 경주최씨가 부활한 건 조선 후기였다.

한말의 면암 최익현, 위정척사론을 실천한 의병장이었다. 그는 대마도에서 순절했다. 이 밖에도 경주최씨 가문의 여러 인물들이 한국의 근대사와 현대사를 밝혔다.

[내남 비지리 다랭이논 전경]

[옥산서원]

[삼릉]

[감은사지 삼층석탑]

[포석정]

[흥덕왕릉 소나무]

[황성공원 소나무숲]

[동부사적지]

[부처님 오신 날 금장대 야경]

[월정교 야경]

천년고도
경주, 세계를 품다

초판 1쇄 인쇄 2025년 10월 28일
초판 1쇄 발행 2025년 11월 01일

지은이 · 월명
발행인 · 김철홍
사진작가 · 윤경숙
편집 · 호야
교정 · 강석근
제작·인쇄 · 유진보라
도움주신 분 · 정연자, 박종현

펴낸곳 도서출판 희망꽃
  서울시 중구 소공로1길 2번지/ 전화 02) 318-9231
  출판등록 제2014년 000135호

ISBN 979-11-87521-40-2

∷ 이 책은 저작권법에 따라 보호받는 저작물로 무단전재와 복제를 금지하며,
  이 책 내용의 전부 또는 일부를 이용하려면 반드시 저작권자의 서면 동의를 받아야합니다.
∷ 파손이나 잘못된 책은 구입하신 곳에서 바꿔드립니다.

참고문헌	
	뿌리깊은나무 '한국의 발견-경상북도편'
	한국학중앙연구원 '한국민족문화대백과'
	한국학중앙연구원 '한국향토문화전자대전'
	두산백과
	경주시 '아름다운 경주 이야기'
	경주시 홈페이지 '경주문화관광'
	국가유산청 '국가유산포털'
	경주제일교회 홈페이지
	국사편찬위원회 '우리역사넷'
	국립경주박물관 'e뮤지엄'
	국립민속박물관 '한국민속문학사전'
	국립문화유산연구원 '고고학사전'
	한국문화원연합회 '지역N문화'
	분황사 홈페이지
	경주최씨중앙종친회 홈페이지
	한국관광공사 '대한민국 구석구석'